TATIHANA
Prólog<

Corazón Agradecido
Ligera de equipaje y llena de fe

En el viaje de la vida y a lo largo de casi dos décadas trabajando en la industria cristiana, he conocido a muchas personas que han impactado mi vida. Sin duda, Tatihana se destaca en la lista, precisamente por tener un *Corazón Agradecido*.

De manera íntima y muy amena, nos invita a través de cada capítulo a conocer una parte de su historia, y al mismo tiempo nos embarca en un viaje introspectivo hacia nuestra propia vida para aprender de los errores y aciertos del pasado, de modo que podamos liberarnos del exceso de equipaje, y comencemos intencionalmente a disfrutar cada paso del camino que tenemos por delante.

Fayra Castro
Periodista y fundadora de El Mensaje Comunicaciones
Creadora de Premio Águila
Presidenta de la Asociación Glocal de Comunicadores

En esa ruta donde había música y libros inspiradores, me encontré a Tatihana Pozo, con su amabilidad, respeto, claridad y alegría. Su gran talento para comunicar y corazón lleno de madurez nos llevó a hacer radio con segmentos creativos, para la familia.

Sé que su libro, *Corazón Agradecido,* es el fruto de una vida rendida a Dios, en el que nos llevará por caminos únicos. Su testimonio nos producirá ánimo, aliento y esperanza para descubrir o afirmar que Dios es el mejor compañero en el viaje de la vida.

Mayra Nazario
Periodista y comunicadora
Productora y presentadora de La Nueva 88.3 FM Miami,
CVC La Voz Latinoamérica y Radio Solidaria en España

Tatihana Pozo tiene el favor de Dios. Su sentido de organización y de responsabilidad, el respeto y la dedicación que invierte en sus clientes, me han hecho reconocer su excelente trabajo, admirarla y descansar en ella. Me ha honrado editar *Corazón Agradecido*. El talento literario de Tatihana promete más obras. Posee una inspiración ordenada y natural, une espontáneamente sus experiencias de vida teñidas de lecciones divinas, y nos muestra el poder y las bendiciones de la gratitud a Dios y de vivir en Él 24/7. Este libro muestra los resultados del viaje de la vida cuando amamos a Dios con todas nuestras fuerzas, con toda nuestra alma y con toda nuestra mente.

Dios te bendice siempre, Tatihana.
¡Muchas gracias por ser tú!

Ofelia Pérez, AWA
Editora de Español, Whitaker House
Consultora certificada de autores y editores
Autora publicada

Me llena de mucha alegría saber que *Corazón Agradecido* ya está disponible para el mundo. Conozco a Tatihana hace más de seis años, he escuchado porciones de su historia y me parece una bendición que hoy la podemos tener completita a través de este libro. La gratitud es una virtud de un corazón sensible y humilde; esas son las virtudes que caracterizan a esta hermosa mujer. Siempre con una sonrisa apoyando los proyectos de tantos, y hoy llegó su proyecto de vida.

Tati ha tenido una vida de grandes luchas y retos que la han llevado a ser un ser humano extraordinario que vive para servir. Gracias, Tatihana, por poner en nuestras manos esta obra de arte. Sé que va a ser de gran inspiración y ayuda a quienes la lean. Muchas vidas serán bendecidas y transformadas a través de tu historia. Gracias por decidir luchar hasta encontrar el propósito de Dios en tu vida, a pesar de las circunstancias que te rodearon. Todo lo que has vivido, hoy Dios lo usa para ayudar a otros a encontrar su propósito. Lector: prepárate a ser transformado y a vivir una vida con un *Corazón Agradecido*.

Elsa iLardo
Autora de *Mi tabla de salvación* y *90 Días para tu matrimonio*
Directora de Hispanos Media, creadora de Mujer Sana
Conferencista y mentora de mujeres

He tenido la bendición de trabajar con Tatihana en diferentes proyectos y compartir una de sus pasiones, viajar, donde pudimos conocer el gran amor que ella tiene por Dios, su familia, sus amigos y sus vivencias en su natal Venezuela; la pérdida de su madre, cómo ella paso de ser hija a madre de sus hermanos; y cómo encontró el amor en mi bella isla de Puerto Rico. Es un gran privilegio leer su historia de vida y conocer lo que Dios le entregó en cada uno de sus viajes.

Tati, como cariñosamente algunos te llamamos, qué gran honor me has concedido al escribirte desde mi corazón e invitar a todos los lectores a que preparen sus maletas, ya que tendrán la oportunidad de conocer el *Corazón Agradecido* de una valiente guerrera que no ha dejado de soñar, disfrutar, crecer, y nos enseña cómo podemos viajar ligeros de cargas, disfrutar de cada etapa que nos ha tocado vivir y cumplir el propósito de Dios en nuestras vidas.

María De la Cruz
CEO de MDConexiones, Coordinadora de medios
Presentadora y conductora de *Conversando con María De la Cruz*

A menos que se indique lo contrario, todas las citas de la Escritura han sido tomadas de la *Santa Biblia, Versión Reina-Valera 1960,* RVR, © 1960 por las Sociedades Bíblicas en América Latina; © renovado 1988 por las Sociedades Bíblicas Unidas. Usadas con permiso. Todos los derechos reservados. Las citas de la Escritura marcadas (NTV) han sido tomadas de la *Santa Biblia, Nueva Traducción Viviente,* © Tyndale House Foundation, 2010. Usadas con permiso de Tyndale House Publishers, Inc., 351 Executive Dr., Carol Stream, IL 60188, Estados Unidos de América. Usadas con permiso. Todos los derechos reservados. Las citas de la Escritura marcadas (NVI) han sido tomadas de la Santa Biblia, *Nueva Versión Internacional*® NVI® © 1999, 2015 por Bíblica, Inc. Usadas con permiso de Bíblica, Inc.® Reservados todos los derechos en todo el mundo. Las citas de la Escritura marcadas (DHH) han sido tomadas de la Biblia *Dios habla hoy* ®, Tercera edición © Sociedades Bíblicas Unidas, 1966, 1970, 1979, 1983, 1996. Usadas con permiso. Todos los derechos reservados. Las citas de la Escritura marcadas (TLA) han sido tomadas de la *Traducción en lenguaje actual* Copyright © Sociedades Bíblicas Unidas, 2000. Usadas con permiso. Todos los derechos reservados.*Cursivas* y **negritas** son énfasis de la autora.

Corazón Agradecido
Ligera de equipaje y llena de fe
ISBN: 979-8-88757-763-0
© 2023 por Tatihana Pozo Puccini

Editado por
Ofelia Pérez
OfeliaPerez.com

Diseño de portada e interior por
Nodelis-Loly Figueroa
Lord & Loly Graphics Designs

Fotografía por
Carlos Alberto Photography

Impreso en los Estados Unidos de América.

Ninguna parte de esta publicación podrá ser reproducida o transmitida de ninguna forma o por algún medio electrónico o mecánico; incluyendo fotocopia, grabación o por cualquier sistema de almacenamiento y recuperación sin el permiso previo por escrito de la autora.

1 2 3 4 5 6 7 8 9 10 11 24 23

DEDICATORIA

Con todo mi cariño le dedico este libro a mi amado Jesucristo, quien, sin importar las circunstancias de mi vida, nunca se avergonzó de mí, ni me abandonó en los momentos más oscuros. Su fortaleza me sostuvo en las más grandes batallas.

No sería quien soy hoy sin haber tenido a mi gran maestro, mi amado padre Gerardo Pozo, quien no solo me dio sus secretos comunicacionales, sino también me dejó la herencia del evangelio. Papi siempre tuvo en sus labios una palabra de inspiración para mi vida, y para todos los que tuvieron la oportunidad de conocerlo.

Dedico este libro a la memoria de mi mamá, Acia Puccini; nos faltaron años por disfrutar, fue mi mejor amiga, mi confidente, una mami abnegada conmigo y con mis hermanos. Se sorprendería con los nietos tan hermosos y talentosos que tiene. No sabía cocinar mucho, así que a todo le añadía extra-amor.

A mi amado esposo Carmelo, quien con su ternura y paciencia logró conquistar mi corazón, ha sabido cómo mantenerme derretida de amor por todos estos años. Su apoyo incondicional, amor y dulzura han sido el motor que me ha permitido alcanzar lo que creía inalcanzable.

A mi dulce hija Tati, mi mayor tesoro, la responsable de mis suspiros, mis desvelos, mis alegrías, quien me impulsa a ser un mejor ser humano. Me emociona que se sienta orgullosa de mí y anhelo que pueda continuar el legado del evangelio que hemos depositado en ella.

Corazón Agradecido existe porque mi vida ha estado llena de grandes afectos, a quienes les debo tantos momentos. No podría nombrarlos a todos porque no me alcanzaría el espacio; cada uno sabe lo especial que es en mi vida y la temporada que Dios nos permitió vivir.

Dedico mi primer libro a mi nieta Miah; a Gabriel y Manuel, los hijos que Dios me dio la oportunidad de ayudar a criar; a mis hermanos Jhon, Gerardo, Jonathan, Agnes, Linette y Kelvin; a mi amados Mary y Neftalí Cabrera; a mis tíos, mis tías Maritza, María Eugenia, Anita y Oxalida.

A mis sobrinos, Celia, Gerardo, Dana, Ethan, Benjamín, Stefanía; a mis sobrinos del corazón; a todos mis primos, en especial a Lorena, Johanka, Johanna, Fran, Angélica, Giacomo, Liliana, Ana Sofía, Marisabel, Mariana, Edgar, Geomar, George, Astrid Vanesa, Nao, Mariedith, Evelyn, Pily, Diana, Emilia y Linda; a mis cuñadas, Eridana, Doris, Carmen y Cinthya.

A todas mis amigas del alma, cada una sabe el lugar que ocupa en mi corazón.

AGRADECIMIENTOS

Agradezco a Dios por darme la oportunidad de llevar su mensaje a través de cada página en este libro. Te agradezco a ti que estás leyendo estas páginas. Anhelo que abras tu corazón y permitas que tus heridas sanen cuando te veas reflejada en estas líneas.

Gracias a mi esposo, mis hijos, mi familia y mis amigos, por ser parte de *Corazón Agradecido*.

Agradezco a Ofelia Pérez por aceptar ser mi editora y entregar su corazón en este proyecto.

También agradezco a todos los que me ayudaron en alguna etapa de mi vida y me dieron su hombro para llorar.

Tatihana
POZO PUCCINI

Yadheera
Confío en que disfrutes la lectura y sea de bendición...
Un abrazo
Tatihana

¡Andreita!
Espero que disfrutes
la lectura y sea de bendición...
Un abrazo
Jolivana.

ÍNDICE

Prólogo por Marie Griffin 15
Introducción 19
Capítulo 1   Lo que he sido, lo que soy y dónde estoy 21
Capítulo 2   Hacia dónde voy y quiero ir 31
Capítulo 3   Esperanza 41
Capítulo 4   Imaginación 51
Capítulo 5   Perdón 61
Capítulo 6   Adiós, ansiedad 69
Capítulo 7   Obediencia 81
Capítulo 8   Ligera de equipaje 91
Capítulo 9   Pasión por el trabajo 99
Capítulo 10 Escuchar al Guía 109
Capítulo 11 Disfrutar cada momento del viaje 117
Capítulo 12 Distracciones... tropiezos en el viaje 127
Capítulo 13 Oído atento a los aprendizajes 137
Capítulo 14 Crecer durante el viaje 145
Capítulo 15 Corazón agradecido 155
Epílogo por Lucy Cosme 167
Acerca de la autora 169
Página de contacto 172

PRÓLOGO

Confieso que no sabía de qué trataba este libro cuando mi querida Tatihana me pidió que le escribiera el prólogo. Aún me puse un poco nerviosa porque lo considero un gran honor y responsabilidad. También confieso que mi corazón empezó a latir de emoción con solo pensar en la posibilidad de que ella compartiera sus historias con la calidez, gracia y sencilla profundidad que la caracteriza. Inmediatamente supe, sin duda, que tantas personas serían bendecidas leyendo las páginas de este libro.

Tatihana y yo nos habíamos conocido ya hacía unos cuantos años cuando ella organizaba impecablemente las ruedas de prensa de Expolit en Orlando. Surgió la oportunidad de hacer unas presentaciones en Londres, ella sin mucho titubeo se unió al grupo y como todos conocerán en este libro, una de sus pasiones es viajar... Yo estaba feliz de que ella se uniera al excelente equipo que ya me acompañaba. No tenía duda de que ella aportaría mucho a la parte profesional en esta presentación. Era la primera vez de Expolit en Europa, así que todo debía ser con excelencia. Pensé que era lindo viajar con personas nuevas, pero poco sabía yo lo que Dios tenía preparado para mí a través de mi inesperada acompañante en ese inolvidable viaje a Londres, y ahora para ustedes a través de estas páginas.

¿Has estado en un vuelo donde tienes que levantar una maleta y ponerla en el compartimiento de arriba? La maleta está tan pesada que no la puedes levantar. Pones todas tus fuerzas y medio la levantas para darte cuenta de que realmente no puedes y parece que te va a caer encima. Miras a tu alrededor con el rostro quebrado, pero a nadie parece importarle. De repente llega otro pasajero, un buen samaritano que te ayuda a levantarla. Creo que así son las historias de este libro, *Corazón Agradecido*; esa mano que te ayudará a levantar la maleta. Notarás que al bajarla ya no está tan pesada.

Londres es hermoso, pero no se destaca por sus días soleados y es común ver la ciudad con una niebla tan espesa, que incluso puede dificultar la visibilidad. Para los que no conocen la ciudad ni han hecho viajes largos, ese ambiente puede estar cargado de incertidumbre. Categóricamente el cielo de Londres estaba tan nublado como mi corazón en esos días, por mil cosas que estaban pasando en mi vida... así como puede estar pasando en la tuya ahora mismo. Dios ya tenía una guía turística "espiritual" que me acompañaría en el camino.

Recuerdo claramente ese día, aunque en ese viaje, Tatihana estaba acompañada de su hermosa hija y su esposo. Por alguna razón decidió sentarse a mi lado en algunos de los viajes a nuestros múltiples destinos. Recuerdo como si fuera hoy, que estaba sentada en el tren mirando a lo lejos cuando ella se sienta a mi lado. Empezamos la conversación donde ella me compartía su experiencia tan dolorosa; la contaba con la calma y la sobriedad que solo una persona que está firme en Dios y ha experimento la sanidad lo puede hacer.

Conocer de sus difíciles viajes por la vida, el equipaje que tuvo que dejar porque había "sobrepeso" en el corazón... recoger el peso con una mochila cargada de esperanza y esperanza fue bálsamo para mí y para todos los que leerán este libro.

Ella permitió que Dios tomara esa maleta, la reacomodara, botara lo que no servía y la reabasteciera con esperanza y posibilidades para llegar a su destino. De la manera más dulce, a través de *Corazón Agradecido* Tatihana te invita a que hagas lo mismo; que conozcas a ese Dios que la ha sostenido, que aligeres tu equipaje y llegues más rápido a tu destino final.

¡Toma tu maleta y vamos en este viaje!

Marie Griffin
Coordinadora General de SEPA
Autora del libro *Ponte en mis zapatos*
Conferencista, empresaria y presentadora de televisión
Directora de Expolit durante 26 años

INTRODUCCIÓN

Corazón Agradecido

Este libro plasma la transformación que ha ocurrido a lo largo del viaje de mi vida, en el cual algunos llegaron para quedarse, otros para enseñarme, unos para retarme y otros para dejarme el corazón en mil pedazos.

Decidí luchar hasta encontrar el propósito de Dios en mi vida, a pesar de las circunstancias que me rodearon. El Autor de la vida ya había escrito las páginas de mi historia; todo fue parte de un proceso para llegar a mi destino final.

Anhelo con todo mi corazón que este libro sirva de inspiración para todas esas mujeres que luchan día a día por salir adelante. Mi intención es, sobre todo, que desarrolles una relación única y especial con Dios.

CAPÍTULO 1

Lo que he sido, lo que soy y dónde estoy

"Siempre hagamos espacio en nuestra maleta, para la fe, la oración, el agradecimiento y la sabiduría de Dios".

Tatihana Pozo Puccini

Una de mis pasiones es viajar; es algo en mí que se activó cuando era muy niña. Me atrae descubrir otras culturas, tanto, que muchas veces quiero ver más allá de lo que un turista ve en sus viajes. Me apasiona conocer lo que comen los habitantes, cómo viven, cómo piensan. Hay lugares a los que he decidido no regresar porque he sentido que Dios no me quiere allí, sin embargo, hacia otros destinos he sentido la necesidad de volver. Incluso a veces en mis sueños estoy en esos sitios.

Mi vida ha sido un viaje con hermosos paisajes y otros que me dieron miedo. Pero a pesar de eso, tuve que continuar el recorrido.

Comparo mi vida con un viaje, en el cual he visitado diferentes destinos. En cada uno de ellos han existido procesos que me han unido más a Dios. A veces pienso qué habría sido de mí si no hubiesen estado otros preparando el camino del evangelio para darme la oportunidad de, no solo escuchar sobre el amor de Dios, sino también de experimentarlo.

A lo largo de este libro irás conociendo los viajes de una soñadora que no se ha rendido ante las batallas. Cuando era niña empezó ese viaje que hoy me ha convertido en la mujer firme y determinada que soy. La fidelidad de Dios ha sido fundamental para viajar ligera de equipaje. Cada día de mi vida valió la pena vivirlo a pesar de las lágrimas y los miedos.

Fui criada por un hombre que decía ser ateo y una mujer que creció en la iglesia católica. Mis padres se casaron cuando eran muy jóvenes. Mi madre dejó de ir a la iglesia católica y por muchos años no pudo asistir a ninguna iglesia.

La fidelidad de Dios ha sido fundamental para viajar ligera de equipaje.

Siempre escuché hablar a mi mamá acerca de todo lo que sufrió en su vida. Fue criada en un hogar disfuncional. En algún momento ella y sus hermanos vivieron con otros miembros de la familia esperando que sus padres de alguna manera solventaran la situación, hasta que finalmente mi abuela materna se mudó con su hermana, una mujer viuda que vivía sola. Era muy firme de carácter, pero a la vez muy bondadosa. La tía Blanca le dijo a mi abuela Chepa que la recibiría en su casa bajo sus condiciones y que solo podrían vivir allí ella y sus hijos, lo que significó la separación entre ella y mi abuelo.

Mi papá tampoco tuvo una infancia muy tranquila. Su papá era un hombre muy fuerte de carácter; tomaba mucho alcohol y trabajaba como soldador. Le enseñó ese oficio a mi padre, mi papá tenía que meterse en los tanques de gasolina y soldarlos por dentro, cosa que no le gustaba, así que se escapó de la casa a muy corta edad.

Buscó su propio destino en Caracas, la capital de Venezuela. Su pasión era la locución; amaba los micrófonos. A veces pensé que amaba más la radio que a nosotros mismos porque su vida era un estudio de radio. Con los años se consolidó como uno de los locutores y directores de radio más reconocidos en Maracaibo, Venezuela. Al pasar de los años, la historia con su padre cambió. Mi papá y sus padres conocieron a Jesucristo, la esperanza llegó a nuestra familia y nos ha alcanzado durante generaciones.

Mi papá siempre decía que en su espalda tenía la marca de las rodillas de mi abuela Cira, que no cesaba de orar por todos nosotros. Hoy en día puedo ser testigo de cómo en mi familia, las oraciones de nuestra abuela siguen teniendo vigencia a pesar de no estar físicamente entre nosotros. Recuerdo que en su casa tenía unos cartelitos con versículos bíblicos. Si algo puedo decir de los inicios de mi vida familiar es que la esperanza siempre estuvo presente, además de ver cumplida la Palabra que dice en Josué 24:15 (NVI): *Por mi parte, mi familia y yo serviremos al Señor.*

Mis primeros viajes comenzaron de manera intempestiva. Aunque aparentemente éramos una familia normal, fui testigo de situaciones que a mi parecer eran comunes en un hogar; pero con el pasar de los años fui descubriendo que a un viaje no se llevan las cargas innecesarias y eso era lo que había ocurrido con mis padres. Habían llevado cada uno cargas innecesarias al viaje que emprendieron como familia. Desde acaloradas discusiones hasta autoritarismos y gritos fueron parte de nuestro día a día.

Mi personaje... en segundo plano por decisión propia

Yo decidí crear mi propio personaje lleno de inseguridades y complejos, buscaba aprobación en los demás. Siempre pensaba que Jhon, mi hermano

Dedícale a Dios todo, que Él sea lo primero, y Él convertirá tus logros en victoria.

mayor, era mejor en todo y hasta llegué a resentirme con él, sin que tuviera la culpa. Lo miraba como el niño perfecto con excelentes calificaciones, consentido por mi mamá, siempre estrenando todo lo que ya estaba en mi hogar cuando llegué al mundo. Me avergonzaba por ser tan flaca, tener tantas ojeras y no tener el pelo negro azabache como mi madre; hasta en un tiempo llegué a pintármelo así para parecerme a ella, y adopté su forma altanera de hablar. Era como un fósforo que al menor toque se encendía.

A medida que fui creciendo, me acostumbré a ir cabizbaja por el mundo, ser la segunda en todo. No era culpa de nadie; yo misma había decidido vivir bajo la sombra. Según mi papá fue haciendo su carrera en las comunicaciones y ganando fama, yo iba sintiéndome más en un segundo plano. Más adelante llegaron mis dos hermanos menores. Eso ayudó al "equilibrio" de nuestro hogar, muy entre comillas, porque luego me convertí en la niñera y más adelante en la segunda madre de ellos. En ese tiempo no lo entendía, pero Dios estaba formando mi carácter e incluso me permitió irme preparando como madre. En parte, ese fue el rol que ejercí en la vida de mis hermanos menores Gerardo y

Jonathan, a quienes la vida me entregó para sostener su escalera y ayudarme a pulir esa piedra preciosa que Dios estaba creando dentro de mí. Sobre todo, mi hermano Jonathan se convirtió en mi conejillo de indias; En él vacié mi amor de madre, mi cuidado, mi protección, y aprendí a orar con el corazón, como solo una madre puede hacerlo.

No continúes tu viaje sin saber para qué viniste a este mundo, que tus cicatrices no formen parte de tu equipaje.

En una oportunidad tuve que tomar clases de verano. Por más que me esforzaba no lograba ser exitosa en mis estudios. Soñaba despierta, y cuando lo miro hoy, es interesante que en esos sueños siempre me imaginaba fuera de Venezuela en un viaje sin pasaje de regreso. En una ocasión, a mis 13 años, mi abuela Cira me vio tan afligida que me dijo: "Dedícale a Dios todo, que Él sea lo primero, y Él convertirá tus logros en victoria".

Esas palabras llegaron a mi vida con una declaración profética. Nosotros habíamos estado asistiendo un tiempo a una iglesia, pero la iglesia cerró. Luego visitamos otras iglesias y mi padre siempre les encontraba un pero; no le gustaba llegar y que la gente lo comenzara a reconocer, se sentía como avergonzado. Orábamos en casa y no teníamos por costumbre congregarnos. Mi abuela, que era una mujer fiel y creyente de Dios, siempre buscaba la oportunidad de invitarnos, así que esa clase que yo no había aprobado y me tocaba estudiar en el verano para aprobarla, fue la ocasión ideal que mi abuela encontró para invitarme nuevamente a la iglesia.

El único detalle era que tenía que levantarme como a las 4 de la mañana para que Jhon me llevara antes de ir a su trabajo. De alguna manera lograba levantarme para asistir a mi compromiso con Dios, y por algún tiempo estuve en esa nueva iglesia aprendiendo de Dios. Me encantaba la escuela bíblica, mi maestra era Susana Sardi. Ella es mi prima lejana; la veía en actividades tan linda, con su piel de porcelana y la dulzura de sus palabras. Jamás imaginé que ella era la maestra de esa clase bíblica que daban antes del culto.

En la Iglesia Elim conocí a Dios, aprendí a buscarlo, me enamoré de su Palabra. Mi abuela me observaba y para ella misma pensaba que una vez yo pasara esa clase ya no iría más a la iglesia. Por cierto, salí muy bien en la clase, seguí asistiendo a la iglesia, y tiempo después mi abuela hasta se disculpó conmigo por haber pensado que me rendiría del sacrificio tan grande que hacía cada domingo para llegar a la iglesia. La linda sorpresa fue que mis padres empezaron a ir conmigo y lo que comenzó como una simple preocupación de una jovencita, Dios lo usó para llevar a una familia a un encuentro real con Él.

El mapa en las manos de Dios

Cuando veo hacia atrás, pienso que muchas veces caminé sin un rumbo. Me siento agradecida por saber que el camino ya estaba trazado, que mi mapa estaba en las manos de mi amado Dios. Mis inseguridades fueron desapareciendo. Aunque seguía siendo flaca y ojerosa, ya eso no era tan importante como ver el depósito que Dios había colocado en mí. Poco a poco empecé a crecer en el Señor. Me fue preparando para los momentos difíciles, para las pruebas, para los tiempos que las piernas parecen no poder con el peso del cuerpo.

Hoy por hoy no quedan rastros de la Tatihana con miedos, de la niña enfermiza, de la que no podía con el peso del viaje porque sus brazos eran muy débiles. Dios transformó mi carácter y cada día lo sigue haciendo. Llevo mucho camino recorrido y aún me falta por recorrer, pero de algo estoy segura: no soy la misma de antes, hay una nueva pasión en mí. Dios ha formado para este tiempo a una mujer audaz, segura, valiente, servicial, soñadora, pero, sobre todo, portadora de la presencia de Dios porque para eso me ha llamado para llevar ese mensaje a todo lugar donde me ha permitido llegar.

Tus circunstancias y tu pasado no determinan el propósito que Dios tiene establecido contigo. Tienes que perseguir ese propósito. No continúes tu viaje sin saber para qué viniste a este mundo, que tus cicatrices no formen parte de tu equipaje. Aprende a soltar las cargas; deja que Dios transforme tus miedos, tu amargura, tu culpa y tus tristezas.

En la vida hay pesos que no podemos llevar. Dios quiere que le entreguemos nuestras cargas, que confiemos y descansemos en Él. Cuanto más difícil sea el viaje, recuerda lo que proclama Josué 1:9: *Mira que te mando que te esfuerces y seas valiente; no temas ni desmayes, porque Jehová tu Dios estará contigo en dondequiera que vayas.* Así lo he experimentado en las paradas difíciles que he tenido que hacer a lo largo del viaje.

Aprende a soltar las cargas:
deja que Dios transforme tus miedos,
tu amargura, tu culpa y tus tristezas.

En este momento cuando escribo este libro, tengo batallas familiares, preguntas sin responder, anhelos aun por cumplir y millas por acumular. Mi seguridad radica en que a donde quiera que vaya, Dios estará conmigo. Me hace levantarme y dar gracias por estar viviendo, por ser una pieza fundamental en el Reino de Dios. Mi norte es compartir con todos aquellos que encuentro en el viaje cómo tener un *Corazón Agradecido*, y no ser el exceso de equipaje en la vida de otro. Mi anhelo es no ser testigos de heridas en los corazones, así como también inspirar a hacer de un rompecabezas una obra invaluable.

¿Cómo quieres que sea tu viaje?

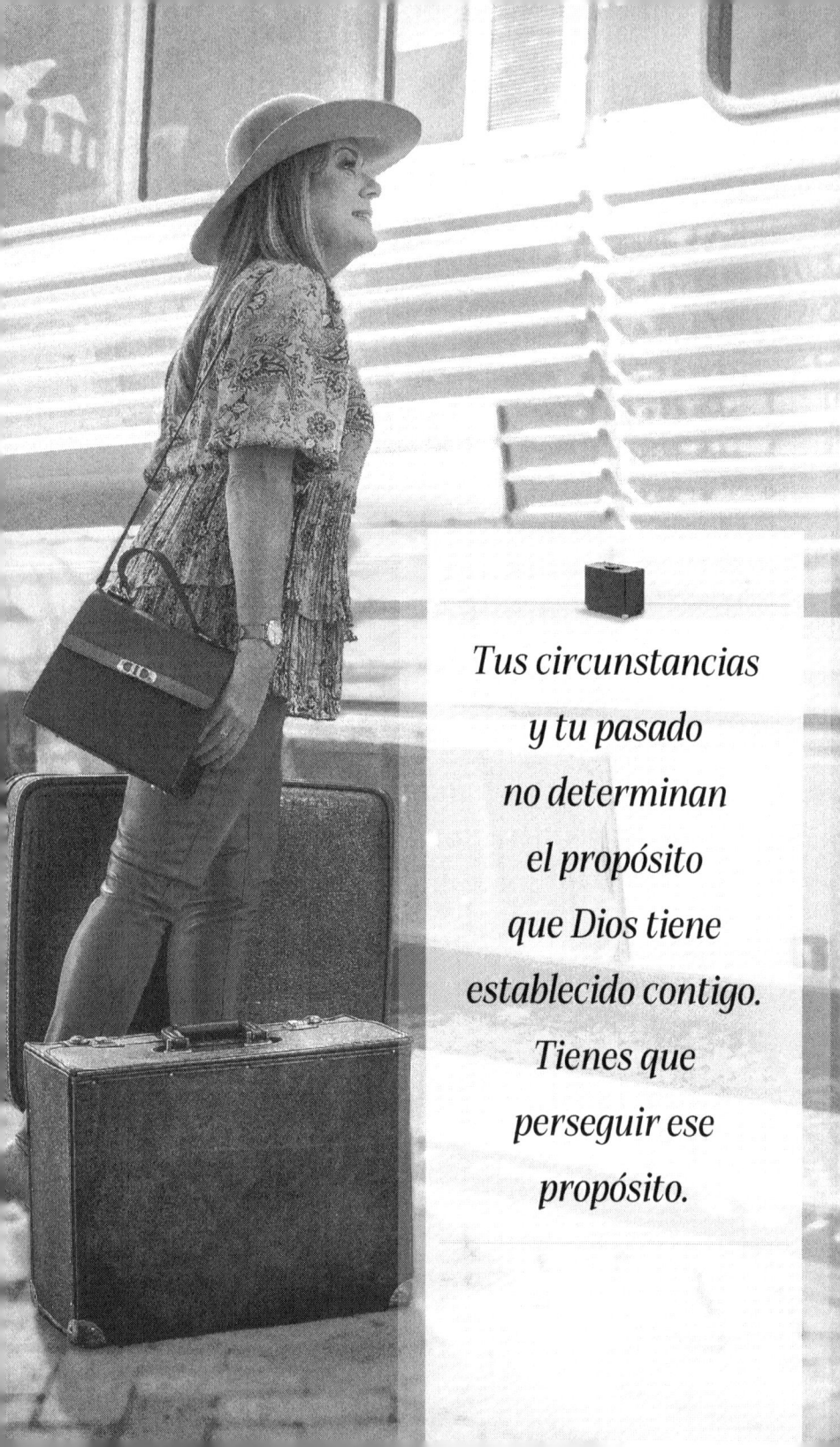

Tus circunstancias y tu pasado no determinan el propósito que Dios tiene establecido contigo. Tienes que perseguir ese propósito.

CAPÍTULO 2

Hacia dónde voy y quiero ir

"No luches en una batalla si no ganas nada con la victoria".

Erwin Rommel

Cuando se alcanza la edad madura, las prioridades cambian en un abrir y cerrar de ojos; lo que antes era importante, ahora es irrelevante. En mi juventud hubo momentos muy parecidos a un vuelo con turbulencia... esos vacíos que provoca el contacto del aire con el avión, esa turbulencia que parece eterna, pero que solo dura el tiempo que tú le permitas estar.

Así ha sido mi vida. Las turbulencias han estado a veces más del tiempo que debieron estar, porque no tuve la determinación para estar en tierra firme, sin embargo, hoy puedo decir como Pablo: *"He peleado la buena batalla, he acabado la carrera, he guardado la fe"* (2 Timoteo 4:7).

En la actualidad no hay un segundo de mi tiempo que quiera desperdiciar en situaciones que no valen la pena. Como seres humanos nos enfocamos en lo pasajero, pero Dios quiere que no nos distraigamos, que antes de seguir de turbulencia en turbulencia, descubramos cuáles son las batallas que merecen la pena pelearse; que en vez de buscar el ¿por qué? de todo, le saquemos el máximo provecho al ¿para qué?

Lo que en algún momento fue mi mayor desierto, hoy en día es mi fuente de inspiración para las conferencias que me invitan a dar. Ser resiliente ha sido una de mis herramientas y ni siquiera sabía que podía serlo.

En un viaje que hicimos a Colorado, un estado conocido por tener los picos más altos de las Montañas Rocosas, llegamos al aeropuerto de Denver, Colorado y allí manejamos como 2 horas y media, hasta el lugar donde nos hospedaríamos, en Winter Park. Ese destino se distingue por ser un sitio para practicar deportes invernales. Mucha gente va a esquiar y acostumbran a quedarse en esas montañas esperando que las bajas temperaturas les ofrezcan el mejor paisaje blanco para hacer sus hazañas con los esquís.

Mientras me encontraba en un descanso luego de un paseo en una moto de nieve, el cual condujo mi hija, dándome la oportunidad de contemplar con más detenimiento todo el paisaje, llegamos a una cima a 12,060 pies de altura con una majestuosa vista. Me sentí más cerquita de mi amado Padre celestial, le susurraba cuánto lo amo, en el silencio Él me abrazaba. ¡Cómo no agradecerle por su majestuosidad, por la oportunidad de contemplar ese paisaje único que parecía diseñado exclusivamente para mí, el cual sería el preámbulo para lo que Dios tenía preparado para nosotros durante esos días!

Dios quiere que descubramos cuáles son las batallas que merecen la pena pelearse en vez de buscar el ¿por qué? de todo, le saquemos el máximo provecho al ¿para qué?

En mi conversación con Dios le decía que sigo intentando una y otra vez ser esa mujer virtuosa que me he comprometido a ser, con ese diseño único que creó para mí. A pesar de estar rodeada de muchas personas, durante ese viaje encontré varios momentos en los cuales solo fuimos Dios y yo, así como dice el Salmo 19:1: *Los cielos cuentan la gloria de Dios.* Y en cada detalle en el cielo lo pude percibir.

Una de las madrugadas me desperté, y estaba contemplando la noche por el ventanal de mi habitación. Quedé maravillada con la cantidad de estrellas que había en el cielo. No recuerdo, antes de esa noche, cuándo fue la última vez que tuve la oportunidad de disfrutar de un cielo como este. Sentía cómo Dios me hablaba y de una manera inexplicable vino a mi mente Abram, el padre de multitudes.

Le pregunté a Dios por qué me traía eso a la mente. Me mostró que, así como lo hizo en el pasado, también lo haría en la actualidad y que mi trabajo es creerle a Él, llevar su mensaje, que Él se encargará de multiplicarlo y revelarlo a aquellos que más lo necesitan. A veces creemos que estamos limitados al lugar donde nos movemos, pero Dios quiere que por fe sigamos mostrando a otros el mensaje del evangelio, que entendamos que no somos nosotros los que convencemos a la gente de una vida con Cristo, sino que somos el instrumento para que otros puedan escuchar una palabra oportuna.

Mi trabajo es creerle a Él,
llevar su mensaje, Él se encargará
de multiplicarlo y revelarlo a aquellos
que más lo necesitan.

Sorpresas divinas

En ese viaje tan especial sucedieron cosas inexplicables. Dios me predestinó desde antes de formarme en el vientre de mi madre para servirle al Padre amoroso, al Dios de oportunidades, al amigo que nunca me ha fallado. Honestamente fui a ese viaje con unas expectativas muy altas, no en el sentido turístico, sino porque era la primera vez en mucho tiempo que íbamos a estar todos juntos: Gabriel, el hijo mayor de mi esposo con su familia; Manuel, el segundo hijo de mi esposo; y nosotros.

Había orado mucho por este viaje, pues anhelaba que mi esposo disfrutara ese tiempo junto a sus tres hijos bajo un mismo techo, luego de mucho tiempo. Le pedí a Dios que me mostrara cómo orar por ellos, aprovechando que los tenía a todos reunidos. Mis oraciones diarias sobre ellos son en la distancia, pero en esta oportunidad estábamos juntos y gracias a tanta nieve no podíamos salir, así que eran todos míos para hacer lo que Dios me indicara.

En mi humanidad pensaba hacer lo mismo que hacían con nosotros mi abuela Cira, mis tías Maritza, María Eugenia y mi papá cuando estábamos pasando tiempo en familia. Nos llevaban casi obligados y nos sentaban horas para hablarnos de Dios. Yo iba a regañadientes, pero luego lo disfrutaba... Parece tan lejano ese recuerdo, pero gracias a eso mis hermanos, mis primos y yo conocimos el evangelio.

Dios es tan único y creativo que me dijo: "Con ellos no te va a funcionar lo de tu abuela". ¿Y ahora qué hacía? No quería desaprovechar la oportunidad, pero honestamente el miedo me tenía un poco paralizada. A veces me da más miedo hablarle a mi familia sobre Dios, que a multitudes en una conferencia.

Una mañana mientras estaba en la habitación de la cabaña frente al mismo ventanal que ya les había contado, cantaba a Dios y le oraba. Mientras hacía eso, sentí que alguien entró a la habitación, pero no quería distraerme de ese momento tan especial que estábamos viviendo Dios y yo. Cuando continué orando escuché una voz que se unió a respaldar mi oración; era mi amado esposo Carmelo, quien con lágrimas en sus ojos empezó a orar junto a mí. Como un susurro apacible, Dios puso en mi corazón la manera de cómo orar por el resto de la familia esos días en aquellas montañas.

Dios me dijo: "Yo te los iré trayendo a ti uno por uno y tú vas a orar por ellos. Yo he preparado el camino". Yo misma me sorprendo al escribir esto porque Dios es Majestuoso, Creador de maravillas. No habíamos terminado nuestro tiempo de oración cuando tocaron a nuestra puerta; era Manuel, el segundo hijo de mi esposo de su primer matrimonio. Nos secamos las lágrimas y, como pude, le dije: "Manuel, necesito orar por ti. Él se sorprendió un poco y me dijo, "ok".

Mientras orábamos por él, experimentamos el amor del Padre celestial. Le pedí perdón si en mi rol como madrastra quizás en algún momento no había cumplido con sus expectativas por cumplir con las de Dios. Contemplé el amor de Carmelo, el padre amoroso, abnegado, siempre dispuesto a dar su propia vida por sus hijos. Fue un tiempo especial; estoy convencida de que Dios tiene grandes planes con Manuel y que nuestros ojos podrán ver el cumplimiento de la parte final de Josué 24:15 (TLA): *Pero mi familia y yo hemos decidido dedicar nuestra vida a nuestro Dios.*

A la mañana siguiente fue el turno de Gabriel, el hijo mayor de mi esposo, el responsable de que Carmelo y yo nos hayamos conocido; el cupido en tiempos de escuela. Yo era la maestra de Gabriel en segundo grado, y él me presentó al amor de mi vida. Gabriel en la actualidad es jefe de familia, comparte su vida con Janice, la mamá de Miah, nuestra amada nieta; además, ha servido de papá para los hijos de Janice, Joel y Julianice.

La oración que Dios me puso en el corazón por Gabriel fue diferente, específica para que pueda convertirse en el sacerdote de su hogar, para que todo lo que aprendió mientras lo llevamos a la escuela dominical cuando era pequeño y luego con el grupo de jóvenes en la iglesia, lo ponga en práctica, y dirija a su familia a los pies de Cristo. Así fue ese hermoso tiempo de oración.

Disfruta del viaje, contempla el camino, busca ese tiempo tan tuyo y de Dios.

En otra de las mañanas cuando nos enteramos de que nuestro vuelo de regreso estaba cancelado por el mal tiempo y la tormenta de nieve que se aproximaba, fue el turno de orar por Joel y Janice. Yo le había preguntado a Janice si podía orar por Joel y ella había quedado en preguntarle. Como no me había dicho nada, yo me había quedado sin hacer nada, pero Dios estaba esperando que yo fuera sus manos y sus labios.

Todos veían las noticias y las novedades con el clima. Mientras tanto, yo estaba cerca de todos, pero viendo el servicio en línea de mi iglesia. Aunque ya estaba empezado, hubo algo que capturó mi atención. El pastor William Nieto dijo textualmente: "Nosotros no estamos encargados de convertir a nadie al evangelio. Estamos a cargo de llevar el mensaje, de orar por las personas, de compartir las buenas nuevas". Por supuesto que sabía que eso era conmigo.

A pesar de la tormenta, ya en poco tiempo nos íbamos de esa cabaña a quién sabe dónde y pasaríamos la noche en cuartos de hoteles. Quizás ya no tendría el tiempo de orar con Joel y Janice como Dios me había indicado. Me armé de valor y le pregunté a Janice qué le había dicho Joel acerca de mi petición de orar por él. Ella me dijo que sí y fue a buscarlo. Fuimos a mi habitación, yo hice mi parte y Dios se encargó de lo extraordinario. Fue un tiempo hermoso, no me habría perdonado perder esa oportunidad de ser las manos y los labios de Jesús.

Si te has preguntado alguna vez cómo vivir para Él y en Él, disfruta del viaje, contempla el camino, busca ese tiempo tan tuyo y de Dios. En los Salmos 19:1-2 (NTV) dice: *Los cielos proclaman la gloria de Dios y el firmamento despliega la destreza de sus manos. Día tras día no cesan de hablar; noche tras noche lo dan a conocer.* Si escrito está es porque es real; solo debes experimentarlo, creerlo y hacerlo tuyo.

Dios te invita a creerle, quiere animarte a servirle. Aunque tus circunstancias parezcan las menos propicias, agárrate de Él y atrévete a llevar el mensaje que ha puesto en tu corazón; que ese burbujeo dentro de ti sea cíclico, que no se vaya de tu cuerpo, hasta que hayas impartido la Palabra que te ha dado.

¿Hay algo que Dios te haya pedido que hagas, y dudaste en hacerlo?

*Dios te invita
a creerle, quiere
animarte
a servirle.
Aunque tus
circunstancias
parezcan las
menos propicias,
agárrate de Él.*

CAPÍTULO 3

Esperanza

"¡Cree! ¡Espera! Siempre habrá una salida, siempre brillará una estrella".

Sir Charles Chaplin

Durante la pandemia que nos tocó vivir a nivel mundial, suspendimos, como el resto de la población, las actividades laborales presenciales, así como también un viaje de ensueño que teníamos para Italia, entre otros lugares en Europa. Había soñado desde niña con ir a Italia y buscar esas raíces italianas que tengo por parte de mi familia materna. Estaba triste al no poder hacer este viaje tan anhelado, pero estaba tan esperanzada en el porvenir, a pesar del panorama de salud que vivimos en Estados Unidos y en el mundo entero.

Nos convertimos en una estadística de contagios, nos enfermamos de Covid19. Aunque los días parecían largos y eternos siempre vimos la mano de Dios en todo. Jamás perdimos la esperanza de que íbamos a salir bien librados de ese capítulo en nuestras vidas. Aprendimos a guardar nuestras agendas y vivir más la agenda de Dios. Vimos la misericordia día tras día en cada persona que nos levantó en oración, y todos aquellos que dejaban en la puerta de nuestro hogar, alimentos, medicinas, globos o nos despertaban con una llamada de ánimo, fe y esperanza.

Cosechamos lo que por años Dios nos ha permitido sembrar, fuimos abrazados en la distancia. Fue un viaje que no esperábamos, pero del cual Dios nos sacó con altos honores. Durante la pandemia suspendimos nuestros planes, pero seguimos con los planes de Dios. Una de las actividades programadas para ese tiempo era la graduación de escuela secundaria de Tati, nuestra hija. Como madre me daba tristeza que ese día tan esperado por ella se convertiría en una graduación virtual, pero nos llevamos la grata sorpresa de que fue mejor de lo imaginado.

Nuestra iglesia diseñó una actividad que titularon "Adopta un Senior". Cada día mi hija Tati recibió un detalle en la puerta de la casa de parte de los miembros de la iglesia, la cual vino con mensaje y enseñanza a corto y largo plazo. Además de eso, con todas las medidas de distanciamiento les celebraron a los jóvenes una graduación fundamentada en la Palabra de Dios.

*Siempre guarda espacio
para la esperanza;
si lo crees, todo es posible.*

Yo decidí aprovechar al máximo mi día a día, dejando a un lado las quejas o lo que no añadía valor a mi vida. Fue casi como un entrenamiento en el cual pude fortalecer mi carácter, aumentar mi fe y mi paciencia, e incluso ensanchó mi creatividad. Inicié nuevos retos, aprovechando que no estaba en los afanes diarios. Escribí cada idea, pensamiento o palabra que Dios trajo a mi vida. Esas líneas me han ayudado a seguir compartiendo con otros el mensaje de esperanza que Dios ha depositado en mi vida, y hoy parte de este libro es el resultado de esa esperanza que no se apagó aun en medio de una temporada difícil.

Decidí ser luz en medio de la oscuridad, empecé a comunicarme más a menudo con amigos, compañeros de trabajo y familiares que necesitaban una inyección de fe. Hablar es una terapia para muchos, compartí con ellos vida y esperanza. La pausa que vivimos a raíz de la crisis de salud fue una oportunidad para servir a otros, para reflexionar acerca del propósito de vida, así como también reajustar la visión de los planes y sueños que latían en mi corazón.

En ese año 2020, sin tenerlo en mi agenda, di más charlas y talleres que en otros años. Me dediqué a tomar clases relacionadas a mi trabajo, y aproveché para estudiar más la Palabra de Dios y capacitarme en ella en los diferentes grupos en línea que se crearon en la congregación a la que asistimos, Avalon Church Español. Cuando decides incluir en tu maleta de viaje la esperanza, tienes mil y una oportunidad de ver las cosas de manera diferente, crees que hay algo mejor para ti y los tuyos, sientes que hablas vida a los que te rodean y los testimonios comienzan a ser parte de tu día a día.

No seas lo que la gente quiere ver, sé el diseño único que Dios ha modelado.

No sé cuáles sean tus sueños, ni qué te impide cumplirlos, pero solo puedo recordarte que no pierdas la esperanza. Aunque te hayas olvidado de tus sueños, Dios no se ha olvidado de ellos, por eso es muy importante que tus sueños tengan la aprobación de Dios. Apróp iate de la palabra en Proverbios 16:3 (TLA): *Deja en manos de Dios todo lo que haces y tus proyectos se harán realidad.*

La clave en este tiempo es seguir teniendo esperanza, colocando tu vida en las manos de Dios. Si hay alguna cosa que no te gusta, es un buen momento para sembrar nuevas semillas. Tu vida actual es el resultado de lo que has sembrado en el pasado. Aún estás a tiempo de comenzar a cambiar, de elegir las semillas correctas para la tierra que producirá un buen fruto para tu futuro.

Este es un tiempo de esperanza a pesar de las circunstancias que te rodean. ¡Dios ha depositado un enorme potencial en ti! Si sientes que tu vida está sin un rumbo, que los problemas te abruman y que no encuentras ese espacio para sentirte amada, sería bueno que incluyas la esperanza que trae la Palabra de Dios a tu vida. Probablemente estés asistiendo a una iglesia, pero aún no has experimentado descansar en los brazos del único que siempre estará disponible para ti. Aplica a diario lo que manifiesta Hebreos 10:23(NVI):

Mantengamos firme la esperanza que profesamos, porque fiel es el que hizo la promesa.

La promesa que ha sido hecha para tu vida de parte de nuestro Creador no cambia con el tiempo, se mantiene firme. Debes mantener la esperanza, aunque el tiempo pase o las circunstancias cambien.

Esperanza a pesar de las circunstancias

Mientras escribo este libro, Dios trae a mi memoria varias vivencias. En muchas de ellas creía que no podía más con ese dolor, pero el mismo que me prometió que estaría conmigo todos los días de mi vida, enjugó mis lágrimas y las de los míos. Hace algunos años, mi cuñada, Eridana Benedettelli, estaba embarazada. Esperaba a su segunda hija Dana Sofía. Cuando faltaban unas semanas para que la bebé naciera, pasó lo que nunca imaginamos: mi cuñada se puso muy mal y al llegar a la clínica, la bebé ya no estaba con vida.

Mi cuñada estuvo entre la vida y la muerte. Yo, a miles de kilómetros de distancia, clamaba a Dios por un milagro. Le pedía al Señor que le devolviera la vida a la bebé, que salvara la vida de Eridana, que no se repitiera la historia que le pasó a mi hermano Gerardo, al criarse sin su madre; que mi sobrino Gerardo pudiera seguir estando con sus padres. Mientras todo esto ocurría en Maracaibo, Venezuela, mi hermano Gerardo alababa a Dios en medio de la circunstancia, aun en medio del dolor y en tan dura situación. El Padre le permitió hablarle a otros de la Palabra a través de su testimonio en aquella clínica.

Mi sobrinita Dana mora en la presencia de Dios. Algún día la conoceré y podré llenarle su carita de besos. Mi cuñada salió bien de salud, y más adelante tuvo la bendición de ser madre de un niño. Su nombre es

Benjamín, una petición contestada para mi sobrino Gerardo, quien seguía con esperanza en Dios de algún día tener un hermanito. Hoy en día le sirven a Dios como familia en diferentes áreas. Una de ellas es a través de un programa de televisión que lleva por nombre "Tiempo de Esperanza". Surgió luego de tan difíciles momentos.

Mientras siga el viaje de nuestras vidas, la esperanza debe estar intacta. Debemos sostener ese anhelo de seguir siendo la inspiración para muchos, aprovechar esa oportunidad de sostener los brazos de otros, así como Aarón y Jur lo hicieron con Moisés. Siempre necesitamos apoyar a alguien y recibir apoyo. ¡Qué mejor manera de hacerlo que con las promesas de Dios que dejó para nosotros a través de su Palabra!

Esparce a otros las semillas de la esperanza. No te conformes con tenerlas para ti en tu jardín. Lo he experimentado y los frutos que he recibido son extraordinarios.

En mi vida como mujer de fe, han podido temblarme las piernas, pero no se han apartado de mí la fe ni el deseo de llenar las vasijas de otros con un poco de tierra fértil. He comprobado lo que es literalmente dejar a un lado mis problemas, para ayudar desmedidamente a aquel que lo necesita, porque en algún momento alguien lo hizo conmigo.

Esparce a otros las semillas de la esperanza. No te conformes con tenerlas para ti en tu jardín.

Recientemente una amiga muy querida a la que me unen lazos de amistad de muchos años, fue operada. Mientras ella pasó su proceso, me dediqué tanto a orar por ella, a darle ánimo y a llenarla de esperanza, que mis propios problemas pasaron a un segundo plano. Sin embargo, el Dios de los detalles no se ha olvidado de mis problemas y estoy segura de que sigue trabajando en el silencio. Yo sigo confiando mientras espero; no puedo quedarme de brazos cruzados viendo cómo otros necesitan fe, esperanza y amor.

Dios permite los tiempos difíciles para que valoremos todo más, no para que perdamos la esperanza. En medio de los problemas vemos cómo obra Dios. Hay personas con diagnósticos de enfermedades terminales que mantienen la esperanza en Dios de que todo va a estar bien aun si el resultado final es la muerte. Finalmente, nuestro tiempo aquí en la tierra es un ratico. Lo que verdaderamente es duradero es la eternidad y allí sí está la verdadera esperanza, en tener nuestra eternidad con Cristo, que nada ni nadie nos aparte de ese último viaje.

Llénate de esperanza a pesar de las circunstancias. Tendrás más oportunidades de servir, nos convertimos en las manos y los pies de Cristo. Me encanta ver a varias personas que conozco cómo le sirven a otros más necesitados. A pesar de que su situación económica o las circunstancias no sean las mejores, ellos no esperaron a que todo esté como ellos quieren para llevar esperanza. Al contrario, de lo poco que tienen eso se les multiplica y les alcanza para dar a otros lo que por gracia han recibido. Ejemplo de esto son mis amigos, los pastores Eliaquin Marín y Damiana Meza en Barinas, Venezuela, y Gustavo Atencio, de Pilotos de Tormenta en Maracaibo, Venezuela. Son seres humanos que más allá de su circunstancia decidieron ser obedientes y compartir esperanza a través de alimentos, ropa y la Palabra de Dios. Su esperanza no fue puesta en lo material, pero sí en lo que no se ve. Así ha sido como han puesto en marcha ese plan que les ha permitido alcanzar muchos corazones para que su esperanza no esté en sus necesidades físicas, sino en alimentar el alma.

¿Crees que con tus acciones impartes esperanza?

*Mientras siga el viaje
de nuestras vidas,
la esperanza debe estar intacta.
Debemos sostener ese anhelo
de seguir siendo la inspiración
para muchos, aprovechar
esa oportunidad para
sostener sus brazos.*

CAPÍTULO 4

Imaginación

"La imaginación es el ojo del alma".
Joseph Joubert

Cuando era niña me encantaba jugar representando personajes, ya sea que mis muñecas fueran el reparto de la obra o que yo hiciera un monólogo. Veía a las actrices de novelas y obras de teatros como unas muñecas de porcelana. Estaba muy segura que cuando fuera grande sería una actriz como esas que me encantaba ver.

Mientras eso ocurría, seguí imaginando cómo sería mi vida. Hice cuanta audición encontré en mi ciudad Maracaibo, Venezuela. Participé en varios programas piloto de canales de television local. Cuando estaba cursando mis estudios de escuela secundaria en el Colegio La Presentación, conocí a la profesora Diana, quien me daba clases de latín, lengua y literatura. Para mi sorpresa era actriz y daba clases en una escuela de teatro; yo creía que para estudiar actuación tenía que irme a Caracas, la capital de Venezuela.

Así fue como comenzó una de las etapas más hermosas de mi vida. Estudié Arte dramático, claro está, que cuando le dije a mis padres que empezaría a estudiar eso como una carrera universitaria, mi papá pegó el grito al cielo, porque como él estaba en el mundo artístico, no quería que su hijita estuviera en ese ambiente. De la única manera que accedió fue que estudiara otra cosa adicional. Específicamente él quería que yo estudiara Comunicación Social, y aunque también me encantaba el periodismo, de hecho, había grabado muchos comerciales de radio, no quería que la gente viera en mí a la hija de Gerardo Pozo, pues yo quería brillar con luz propia.

Aunque en esa época íbamos a la iglesia, mi relación con Dios no era tan genuina, así que no le consultaba a Él todos mis pasos. Eso lo aprendí con el transcurso de los años y mi búsqueda de su guianza. Tomé la decisión de estudiar Educación. En las mañanas iba a la universidad a estudiar Educación, y en las tardes me metía en mi mundo del teatro: leer guiones, improvisar, clases de vocalización, expresión corporal, e historia del teatro.

La clase de historia me la daba Diana, quien me había hablado de la escuela de teatro. Yo estaba cumpliendo con mi papá. Estudiaba una carrera formal como él me pidió, pero a la vez estaba con mis queridos amigos del teatro. Hasta el día de hoy, luego de tantos años, seguimos en contacto.

Con el pasar de los años mi realidad se convirtió en dar clases. Trabajé desde muy joven y luego de varias decepciones e intentos fallidos enterré todo lo que tenía que ver con el teatro. Mientras tanto, me dediqué a ser la mejor maestra que he conocido y utilicé mis conocimientos en arte para ayudar a mis apreciados estudiantes a superar muchos miedos e inseguridades.

Cuando me mudé definitivamente a Puerto Rico, pensé que no iba a seguir dando clases porque tenía que pasar un largo proceso para validar mis estudios además de mi estatus migratorio, y necesitaba dinero. En años anteriores ya había vivido en Puerto Rico, con mi amada familia Cabrera. No tenemos la misma sangre, pero Dios nos unió con los lazos del corazón. Había tenido diferentes trabajos, ventas de suscripciones, trabajo de oficina. Incluso me busqué un tremendo problema con la novia de uno que fue mi jefe en esa época.

Me llamó insultándome a la casa de mi familia puertorriqueña porque, según ella, le estaba quitando a su novio. Yo no sabía que él tenía novia; solo pensaba que además de ser mi jefe le daba lástima que yo no tenía carro y pasaba tantas penurias para movilizarme. Mi juventud no me permitió ver la bandera roja, un viaje que por poco y me cuesta más de la cuenta, pero creo que al que no le fue muy bien en el viaje fue a él, que quedó al descubierto y como mentiroso. Yo pensaba: ¡qué buen muchacho, toca en su iglesia, tan joven y tiene su propio negocio, es un buen cristiano! Definitivamente, las apariencias engañan.

Cuando regresé a instalarme en Puerto Rico e intentarlo una vez más me puse a imaginar algo novedoso: un negocio que pensé que sería rentable, limpiar casas. Fue el negocio más corto de la historia. Conseguí mi primer cliente, una familia en la urbanización donde vive Agnes, mi hermana puertorriqueña. Coordiné conocer a la señora cuya casa sería la primera casa para limpiar, pero cuando iba saliendo, Mary me dijo: "Nena, contesta esa llamada que puede ser importante". Me regresé a ver quién era. La que estaba en el teléfono era Agnes, llamó para avisar que en su trabajo estaban necesitando una maestra para ese mismo día.

Que ¿si era importante esa llamada? Mi vida cambió para siempre, fue mejor que sacarme la lotería. Dios tenía planes para mí, quería darme el abrazo del Padre.

Yo sé los planes que tengo para ustedes, planes para su bienestar y no para su mal, a fin de darles un futuro lleno de esperanza. Yo, el Señor, lo afirmo. (Jeremías 29:11, DHH)

*Nuestro ejemplo dice más
que nuestras palabras.*

Cuando digo que cambió mi vida es porque allí conocí a Carmelo, mi esposo. Precisamente el grado al que me tocó enseñar, fue segundo grado. Allí estudiaba su hijo Gabriel, quien le dijo a su papá que había una maestra nueva y siempre se pasaba hablándole de su maestra. Carmelo estaba divorciado y estaba criando a sus dos hijos solo. Al mismo tiempo a mí, que era su maestra, siempre me estaba hablando de su papá. Sin lugar a duda fue una cita divina.

Cuando nos conocimos yo estaba tan desencantada por desilusiones amorosas que honestamente no estaba buscando a nadie. Pero Dios ya nos tenía atados al corazón. Poco a poco nos fuimos conociendo, pasaron cosas graciosas y en una oportunidad la cuñada de Carmelo me invitó a un cumpleaños. Como ya les dije, yo no tenía carro, así que me fue a buscar Carmelo.

Él comenzó a enamorarme y al poco tiempo nos hicimos novios. Empezaron mis dudas y mi búsqueda de Dios se hizo más fuerte. Llorando le decía al Señor que yo no quería una relación más; que si este era el hombre que Dios tenía para mi vida, me fuera mostrando esas señales que yo le había pedido.

En esas señales estaba que Carmelo aceptara al Señor, que se comprometiera con Dios. También le dije a Dios que si ese era el hombre con el que me iba a casar, que él me regalara unas flores que aun cuando se hubiesen marchitado, la casa siguiera oliendo muy fuerte. Todas esas señales se cumplieron. Ya no tenía más dudas; sabía que este era el hombre al cual había esperado. Estuvimos 6 meses de novios y hoy en día, al escribir este libro, tenemos 22 años de casados. Nuestro viaje ha sido con paradas, con mucho equipaje, sin nada, con lágrimas, risas, alegrías, tristezas, triunfos y nuevas oportunidades.

Cuando veo hacia atrás y recuerdo cuánto imaginé mi futuro, siempre cabe destacar que cada cosa que he hecho la hice con amor y como si fuera para Dios, sin esperar el reconocimiento de alguna persona; solo el de Dios.

Las promesas de Dios se cumplen, Él saca de raiz lo que no nos conviene.

100% aprobado

Me gustaría que puedas imaginar tener un estilo de vida con la aprobación 100% de Dios. Creo que todas atravesamos diferentes situaciones que nos pueden ocasionar estrés. En la actualidad tenemos que ponernos muchos sombreros, como madres, esposas, proveedoras, enfermeras, consejeras, empresarias, amas de casa, empleadas y otros cuantos más.

Imagínate la bendición que puedes impartir en cada una de esas labores que realizas. Nuestro ejemplo dice más que nuestras palabras. Tenemos que ser conscientes de cada labor que realizamos y la manera en cómo podemos dejar una huella en la vida de nuestros hijos, que en el día de mañana cuando ellos formen sus propios hogares puedan poner en práctica lo aprendido en casa, pero, sobre todo, que anhelen seguir a Jesús y compartir con otros el mensaje.

Al leer este texto imagínate haciendo cada labor que realizas como si fuera para Dios. Pídele que sea tu centro, que te ayude a canalizar las situaciones y que puedas aprender a descansar en Él y en sus promesas; que entiendas que no es con tus propias fuerzas, sino con las fuerzas de Dios. Sigue estos pasos que descubrí y que sigo en mi día a día.

No pretendas que todo se vea perfecto en aquello que haces. La perfección no es lo mismo que la excelencia; la primera te consume y la segunda te permite brillar.

Aprende a delegar en tus hijos las tareas del hogar, y con eso formas su carácter.

Lleva un calendario y ve trabajando con cada punto según sea la prioridad.

Enseña con tu ejemplo en cada labor que ejerces.

Ora y entrégale a Dios tus cargas.

Descansa en el Padre y espera en su tiempo.

No permitas que los afanes de la vida destruyan el propósito establecido para ti, para tus hijos y tu familia. Ensancha siempre el camino de tus hijos, declara que son de Cristo y recuerda siempre poner en tu boca que ¡Todo lo puedo en Cristo que me fortalece! (Filipenses 4:13)

Deja una huella en tus generaciones venideras; que aprendan a imaginar, que sueñen los sueños de Dios, que entreguen sus cargas y afanes en las manos del Padre.

Cuando nos ocupamos de los asuntos de Dios como nuestra prioridad, Él se encarga de nuestras familias y de cada situación que nos roba la paz.

Por nada estéis afanosos, sino sean conocidas vuestras peticiones delante de Dios en toda oración y ruego, con acción de gracias. Y la paz de Dios, que sobrepasa todo entendimiento, guardará vuestros corazones y vuestros pensamientos en Cristo Jesús. (Filipenses 4: 6-7)

Aunque probablemente estés pensando que tu situación es diferente a la mía, que tus adversidades son tan grandes que nunca saldrás de ellas, te invito a que le digas a tus problemas cuán grande es tu Dios. Soy una fiel testigo de que Sus promesas se cumplen y saca de raíz de nuestras vidas lo que no conviene. A veces invertimos un tiempo en algo y luego cuando creemos que ese viaje no tuvo que haber ocurrido, también entendemos que en la vida hay viajes que lamentablemente nos llevaron a un destino equivocado, pero en Cristo Jesús podemos cambiar el rumbo y comenzar de nuevo.

Pensarás que fracasé al no haber sido la gran actriz que imaginé, sin embargo, creo que alguien ya tenía escrito un guion perfecto para mí. Dios había dictado las líneas de mi vida y con instrucciones claras me dejó el camino trazado, para su gloria. Hoy en día no solo soy una madre amorosa y una esposa dedicada, sino también una empresaria exitosa que se divierte mientras trabaja, y, sobre todo, soy una embajadora del Reino de Dios.

¿Mujer, qué sueño has imaginado alcanzar?

En la vida hay viajes que lamentablemente nos llevaron a un destino equivocado, pero en Cristo Jesús podemos cambiar el rumbo y comenzar de nuevo.

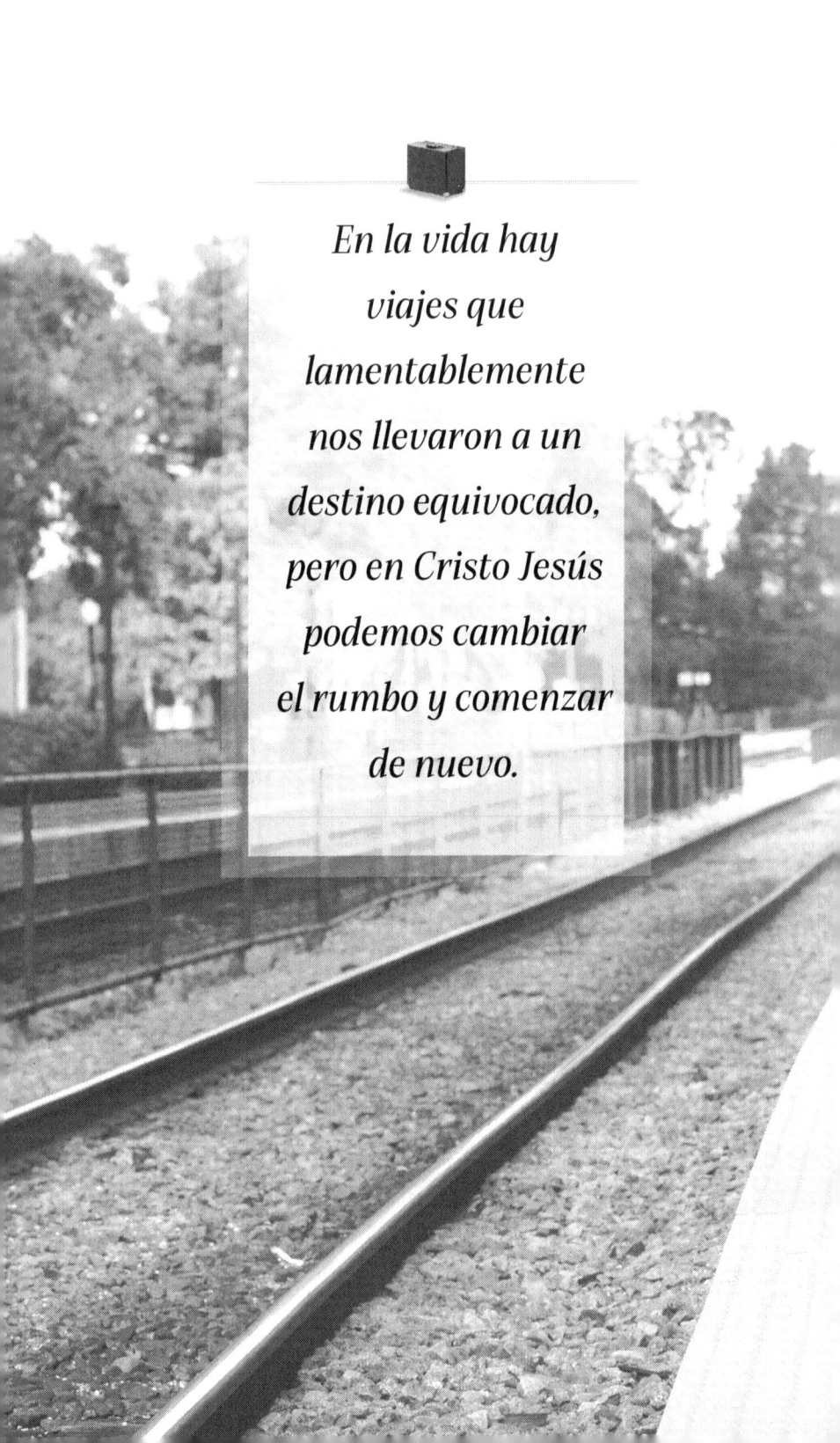

CAPÍTULO 5

Perdón

"Inscribe los agravios en el polvo, las palabras de bien inscríbelas en el mármol".
Benjamín Franklin

Una de las mejores medicinas que Dios me ha dado en esta vida y que me ha hecho una mujer más plena, es haber encontrado el perdón. Al perdonar una ofensa, nos apartamos de la amargura, nos desprendemos de un deseo de venganza, obtenemos paz absoluta y seguimos el ejemplo de Jesús perdonando a nuestros ofensores.

En la Biblia encontramos muchos versículos que hablan acerca del perdón. Uno que específicamente nos enseña acerca de cómo pensaba Jesús sobre el perdón se encuentra en Mateo 18: 21-22.

> *Entonces se le acercó Pedro y le dijo:*
> *Señor, ¿Cuántas veces perdonaré a mi hermano*
> *que peque contra mí? ¿Hasta siete?*
> *Jesús le dijo: No te digo hasta siete, sino*
> *aun hasta setenta veces siete.*

A finales del año 2017 varios acontecimientos ocurrieron en mi vida. Uno de ellos fue la partida física de mi papá, quien desde que yo tenía 18 años, se había convertido en mi padre y madre. Hoy entiendo que, con su viaje hacia la eternidad, he tenido que revaluar algunas cosas de mi vida.

Mi padre, Gerardo Pozo, fue un hombre muy conocido en nuestra querida Maracaibo, Venezuela. Él impactó la vida de un sinnúmero de personas con sus clases de locución, predicando en diferentes partes del mundo y con sus programas de radio y televisión. Cuando él murió pasó una película por mi mente. Me invadieron sentimientos de soledad, tristeza y desesperanza a pesar de todas las muestras de afecto y apoyo de mi esposo, mi hija, mis hermanos, mis cuñadas, mis tías, primos, amigos, familia y personas del medio.

Decidí usar mi tiempo de tristeza para honrarlo. Me dediqué a leer y a contestar cada mensaje, a compartir los artículos y otras tantas cosas que podía hacer para ayudar en la distancia.

A pocos días de la partida de mi padre, Linda Hegwood me invitó a comer, una reunión que no estaba en mi agenda, pero sí en la de Dios. En el transcurso de nuestra conversación hablamos de tantas cosas y casi al final le comenté: "Mi familia y yo estamos asistiendo a otra iglesia". Ese fue otro acontecimiento significativo del 2017. En mi comentario añadí: "No tengo la más mínima idea de lo que Dios quiere mostrarme con el tema del perdón que estamos estudiando". Mi asombro fue que Linda me dijo: "Tú tienes que perdonar a tu mamá". Ese tema para mí ya parecía olvidado, y no pensaba que tuviese algún resentimiento hacia mi mamá o necesidad de perdonar.

Sin darme cuenta, Dios venía trabajando conmigo en relación con el perdón. En el 2016 leí varios libros; en dos de ellos se hablaba acerca del perdón, con dos escenarios totalmente diferentes. *¿Y si comenzamos de nuevo?* de Susana y Ricardo Rodríguez,[1] fue uno de esos libros. En ese momento pensé qué valientes y obedientes fueron los autores al contar su historia. Yo aún luego de tantos años, no me atrevía a contar sobre lo que había ocurrido en mi vida. Aún me avergonzaba cuando alguien se acercaba al tema que en mi caso me aquejaba.

---
1 Publicado por Casa Creación, 4 de octubre de 2016, ISBN 978-1621369509.

El segundo libro en cuestión fue *Corazón Pródigo* de Christine D'Clario.[2] Me impactó y lloré mucho en la parte que ella visitó el lugar donde están los restos de su padre y le dijo que lo perdonaba. Por esos días que leí el libro, Christine estaba en Orlando y realizamos un trabajo juntas. Le dije: "Sabes que yo nunca fui al cementerio luego de haber enterrado a mi madre, ni siquiera recuerdo qué dice en su lápida". Por primera vez le comenté a alguien fuera de mi círculo lo que había ocurrido con mi madre.

En obediencia, luego de aquel almuerzo con mi amiga Linda Hegwood y recordando el impacto de esos libros que hablan acerca del perdón, dije en voz alta:

"Mami, te perdono por haberte suicidado, por hacerme sentir la joven más infeliz y avergonzada del universo, por obligarme a madurar y convertirme en la madre de mis dos hermanos menores de 5 y 10 años".

También le pedí perdón por nunca hablarle de ella a mi hija y por no incluirla en nuestros recuerdos familiares.

Mi madre sufrió de depresión por años. Estuvo en diferentes tratamientos y en el año 1991 cometió suicidó. Cuando ocurrió ese fatídico suceso no se conocía mucho acerca de los efectos de la depresión. Luego nos enteramos de que en su familia había ocurrido otro

---
2 Publicado por Casa Creación, 4 de octubre de 2016, ISBN 978-1621369509.

caso de suicidio, de lo cual ella nunca habló. Quedamos huérfanos de madre cuatro hermanos, vivimos las consecuencias de un suicidio, el señalamiento, la vergüenza y un padre que no sabía cómo seguir hacia adelante con una vida hecha pedazos y unos hijos que educar.

A partir de mi declaración en voz alta no sentí nada diferente. Pensé, "bueno, ya lo hice, fui obediente". Hice una llamada en conferencia con mis tres hermanos y les conté lo que había hecho para que ellos también lo hicieran. Siempre nos habían hablado de las maldiciones generacionales, que rompiéramos las cadenas del suicidio, pero nunca nadie nos había dicho que perdonáramos a nuestra madre. El suicidio de mamá marcó nuestras vidas. En mi caso, años más tarde decidí irme a vivir a Puerto Rico para dejar eso en el pasado.

El perdón trajo sanidad y liberación a mi ser. Tú también puedes ser liberada. Pídele a Dios que te muestre a quién debes perdonar o a quiénes debes pedirle perdón.

Increíblemente, a partir de ese acto de obediencia, se activó en mí algo diferente... Me quité un peso de encima, pude testificar públicamente en la iglesia a la que asisto acerca de eso, que por tantos años era como un grillete en mi tobillo. He hablado en programas de televisión que me han invitado a contar mi testimonio, así como hoy siento la libertad de plasmarlo en estas líneas.

Así como el perdón trajo sanidad y libertad a mi vida, también me da la valentía de hablar acerca del suicidio y la triste realidad que vivimos en la actualidad, tanto en personas que no asisten a ninguna iglesia como en gente activa en ministerios. La depresión es real; hace estragos no solo en la persona que sufre de eso, sino también en los que están alrededor.

En mi caso puedo decir que, a pesar de mi pasado, del dolor y de las lágrimas, esa parte del viaje de mi vida es una herida que Dios sanó. Reconocer ese dolor ocasionado por el acto tan lamentable que ocurrió me hace estar atenta a mi salud mental, buscar la paz, refugiarme en Dios y no permitirme caer en una depresión.

Decido guardar los recuerdos de esa madre amorosa abnegada, amiga, cómplice, la primera en aplaudirme en mis obras de teatro, la amiga de mis amigas. Guardo en mi corazón la esperanza de pensar que Dios en su infinita misericordia le permitió arrepentirse en el último momento de aliento que tuvo y algún día la volveré a ver.

Tú que me lees, aprovecho estas líneas para alentarte a amar la vida, dejar en manos de Dios cada pensamiento, apartar de tu mente lo que no añada valor a tu vida. No recurras al suicidio como una alternativa; los familiares de los suicidas sufrimos por tan terribles actos. Tu vida no es un estorbo para tu familia ni para el mundo, eres importante y valiosa en esta vida.

Viaja libre de culpas. Busca tu destino final según el propósito que Dios estableció en tu mapa de vida.

Si al leer este capítulo sientes la necesidad de perdonar a alguien, este es tu momento de hacerlo. Si esa persona que te ofendió ya no vive, puedes escribir una carta, decirlo en voz alta o hacer cualquier otra cosa que te haga sentir bien.

Es importante que seas consciente de que, si tu ofensor está vivo y es un riesgo para ti verlo, no lo perdones en persona, pero sí de una manera simbólica. Es importante también que identifiques que te causó dolor y si tú fuiste la causante de ese dolor, que tengas la oportunidad de pedir perdón.

Viaja libre de culpas. Busca tu destino final según el propósito que Dios estableció en tu mapa de vida. No sigas postergando perdonar o ser perdonada. Los beneficios son más grandes que el peso de ese equipaje que por años has tenido que cargar.

Cuando tu mente quiera traer la situación que te agravió, practica lo que Jesús le dijo a Pedro: perdona setenta veces siete. Esta estrategia no falla y Jesús ya lo sabía. Lo dejó escrito no solo para Pedro, sino también para ti y para mí.

El perdón no es cosa de un día, sino un proceso. Mientras estés viviendo, sigue perdonando y buscando perdón. Pensé que luego del suceso de mi madre, no habría más nada tan terrible en mi vida, pero luego llegó otro acontecimiento. Me tocó perdonar simbólicamente a una mujer muy querida y cercana a mí. Aún no se resuelve esa situación con ella, sin embargo, decido perdonarla y creer en el Dios de milagros, el que me sigue susurrando al oído: *Pacientemente esperé a Jehová, Y se inclinó a mí, y oyó mi clamor (Salmos 40:1).*

Prefiero seguir viviendo conforme a la voluntad de Dios, que dejarme gobernar por el rencor, la envidia, la corrupción, la falta de piedad y de justicia. Estoy segura que el día que llegue mi momento de encontrarme cara a cara con mi amado Dios me dirá: "Hija, te felicito, fuiste mis manos y mis pies hasta con aquellos que te hicieron daño".

El perdón es gratuito. Solo tienes que empezar a practicarlo y tenerlo en tu equipaje de mano para cuando te haga falta sacarlo. Es como un comodín de uno de esos juegos de mesa. Espero que luego de haber leído este capítulo decidas dar inicio al viaje del perdón en tu vida. *Antes sed benignos unos con otros, misericordiosos, perdonándoos unos a otros, como Dios también os perdonó a vosotros en Cristo. (Efesios 4:32)*

¿A quién tienes que perdonar?
¿A quién debes pedirle perdón?

CAPÍTULO 6

Adiós, ansiedad

*"No tienes que controlar tus pensamientos;
solo tienes que dejar de permitirles
que te controlen a ti".*
Dan Millman

El nuevo estilo de vida que hemos tenido que adoptar ha traído mucha ansiedad, aún para aquellas que conocen la Palabra de Dios. Como seres humanos no estamos exentas de sentir miedo y angustia. Lo importante es identificar esos estados y trabajar en base a erradicar esos detractores que están afectando nuestra humanidad.

Cuando escucho algún allegado hablar que se siente ansioso y está tomando ansiolíticos, es como si viajara en el tiempo. No sé cuántas pastillas le recetaban a mi mamá en los 80 para ayudarla a superar su depresión, la cual siempre creímos que vino tras la trágica muerte de uno de sus hermanos. El resultado de esas pastillas no fue lo mejor para ella. Claro, en esa época no se conocía mucho acerca de todo este tema, pero hoy en día los recursos que existen son mucho más efectivos.

Con tantas noticias que se escuchan sobre suicidios mi corazón se quebranta. Siento que de alguna manera nos estamos quedando con los brazos cruzados ante esta fatídica conducta.

Es bien importante que estemos atentas a las señales: comienza identificando cualquier cosa que no sea lo común en tu estado anímico, cierra la puerta de la ansiedad, de la depresión, de cualquier conducta que atente contra tu integridad. Recuerda lo que dice Filipenses 4:6: *Por nada estéis afanosos, sino sean conocidas vuestras peticiones delante de Dios en toda oración y ruego, con acción de gracias.* Escríbelo en lugares visibles en tu casa y aférrate a esa Palabra.

La Palabra de Dios es el libro más rico en promesas y mensajes de inspiración; ofrece una guía para nuestro caminar. Ya el Padre Celestial sabía acerca de los sucesos que cada una como ser humano tendríamos que enfrentar y nos dejó herramientas claves para poder superar con éxito los obstáculos. Es cierto que nos ha tocado reinventarnos y convertirnos en la mejor versión de nosotras mismas, pero también es cierto que a veces los pensamientos negativos llegan a nuestra mente y quieren quedarse estacionados causando miedo, angustia y hasta depresión. Debes tomar en cuenta ciertos pasos que te ayudarán a pasar con altos honores esta prueba que estamos enfrentando a nivel mundial.

Recomendaciones para cerrar la puerta a la ansiedad y a la depresión

- Es crucial que busques ayuda. No dejes que los pensamientos negativos sigan invadiendo tu mente y no te permitan avanzar.

- Identifica qué es lo que está ocasionando ansiedad o depresión en tu vida.

- Presta atención a tus cambios de hábitos y de conducta.

- No minimices los sentimientos persistentes de tristeza y catastróficos. La tristeza no tratada a tiempo se convierte en cambios químicos cerebrales que no se pueden controlar sin ayuda médica.

- Si te recetan algún fármaco, no lo dejes de tomar sin consultar a tu médico. Si tienes desbalance químico en el cerebro y dejas de tomar el medicamento por tu cuenta, provocarías una descompensación y el resultado puede ser grave.

- Acude a un profesional de la salud mental y, si es necesario, empieza un tratamiento médico y terapia psicológica.

- No tengas en cuenta comentarios negativos sobre las personas con situaciones de salud mental y los médicos. En primer lugar, no tienes que divulgar tu padecimiento, además de que más de la mitad de la población tienen algún problema de salud mental, aunque no te lo digan... y no buscan la ayuda que necesitan.

- Cuando tu ánimo no sea el mejor, no te quedes sola ni encerrada en tu casa.

- Participa de círculos de oración. Cuando oramos juntas nos fortalecemos.

- Organiza tus actividades con un calendario; no pretendas hacerlo todo sin ayuda.

- Lee la Biblia. La Palabra de Dios contiene la historia más fascinante que puede existir.

- Escucha música cristiana. Deja que la alabanza y la adoración llenen cada parte de tu ser.

- Buscar ayuda en un profesional, siquiatra o psicólogo, no va en contra de Dios ni de tus creencias cristianas. Dios provee diferentes recursos en la tierra para ayudar a sus hijas en las áreas donde lo necesitan.

Si estás teniendo algún **pensamiento suicida,** busca ayuda. Quitarte la vida y pasar una eternidad sin Cristo es peor. Dejar a tus seres queridos con mil preguntas sin respuestas y un profundo dolor, no es la alternativa. Llama al 1-800-273-8255 en los Estados Unidos para comunicarte con la Línea Nacional de Prevención del Suicidio. Brinda asistencia gratuita y confidencial las 24 horas del día, los siete días de la semana, para personas en crisis suicidas o angustiadas. Puedes obtener más información sobre sus servicios aquí, incluida su guía sobre qué hacer...

Si se identifican señales suicidas en las redes sociales puedes llamar al 1-800-273-8255 para hablar con alguien sobre cómo puedes ayudar a una persona en crisis.

Para obtener asistencia fuera de los Estados Unidos, **la Asociación Internacional para la Prevención del Suicidio** proporciona un directorio mundial de recursos y líneas directas internacionales. También puedes recurrir a *Befrienders Worldwide.* Mira aquí dónde buscar ayuda en países de América Latina y España.[3]

---

[3] Fuente: CNN Consulta en línea: https://988lifeline.org/help-yourself/en-espanol/ https://cnnespanol.cnn.com/2022/01/31/depresion-donde-buscar-ayuda-argentina-mexico-colombia-peru-espana-ecuador-orix/

Decide seguir viajando, pero no añadas en la maleta cargas que no te corresponden. Deja fuera de tu maleta lo que no te ayuda a crecer a ti, ni te deja ayudar a otros en el camino.

Antídoto de la ansiedad

En Isaías 41:13 dice: *Porque yo Jehová soy tu Dios, quien te sostiene de tu mano derecha, y te dice: No temas, yo te ayudo.*

No permitas que el temor se apodere de ti, no le contagies el temor a tu familia. En este versículo está escrito claramente que somos sostenidas por la mano de Dios y que cualquiera sea la situación, Él nos va a ayudar.

Podemos tener paz en medio de la tormenta, así como afirma Filipenses 4:7: *Y la paz de Dios, que sobrepasa todo entendimiento, guardará vuestros corazones y vuestros pensamientos en Cristo Jesús.* Permite que la paz de Dios gobierne cada uno de tus días, que tu corazón sea guardado en las mismas manos de Jesucristo, que tus pensamientos sean de bienestar, que puedas alimentar tu mente con los pensamientos de Dios.

Recuerda que todo pasará. Estamos viviendo el tiempo en el cual se está dando el cumplimiento de la Palabra. Debemos estar firmes. Veremos cosas terribles, sin embargo, no estaremos solas en medio de la angustia. En el Salmos 27:1 tenemos un recordatorio que dice: *El Señor es mi luz y mi salvación; ¿a quién temeré? El Señor es el baluarte de mi vida; ¿quién podrá amedrentarme?* Ciertamente, como indica este Salmo, nuestra salvación es el Señor. Es nuestro amparo en la aflicción y en el tiempo de angustia. Nadie podrá hacerte frente sin que el cuidado del Eterno te acompañe.

Aún estamos vivas; mucho nos queda por hacer. Somos necesarias para seguir llevando el mensaje de Jesucristo que a cada una nos fue entregado. Estoy segura de que podrás recuperarte de cualquier ansiedad que haya querido apoderarse de tu ser.

Decide seguir viajando, pero no añadas en la maleta cargas que no te corresponden. Deja fuera de tu maleta lo que no te ayuda a crecer a ti, ni te deja ayudar a otros en el camino. En la vida hay pesos que no podemos llevar, según te dije antes. Dios quiere que le entreguemos nuestras cargas, que confiemos y descansemos en Él.

Que siempre haya espacio en nuestra maleta para la fe, que es esa guía a través del camino aun cuando no lo podamos ver; para la oración que nos enseña el camino de Dios; para el agradecimiento que nos impulsa a sostener la escalera de otras; y para la sabiduría de Dios, que es la brújula más segura en cualquier desierto.

Recuerdo que, en una oportunidad al poco tiempo de mudarnos a los Estados Unidos, mi esposo y yo estábamos muy angustiados por varias razones. Una de ellas era acerca de la compra de una casa; otra era el idioma que francamente se estaba convirtiendo en una muleta; y otra era nuestra vida congregacional. Llegué a preguntarle a Dios para qué nos había traído a este cementerio.

En ese tiempo vivíamos alquilados. Intentamos comprar una casa, pero no se dio el negocio. Yo llevaba varias noches llorando, ni siquiera le había dicho a Carmelo, mi esposo. De repente leí un mensaje que me había enviado Linette Cabrera, mi hermana puertorriqueña del corazón. Aún conservo el texto y te lo comparto tal cual ella me lo escribió.

> *"El favor de Dios está sobre ti como manto que no caerá. Este próximo año el Espíritu te revela la razón por la cual estás en Estados Unidos. ¿Pensaste que ya estaba todo corriendo? Ahora te estableces para comenzar la continuación del camino del Señor, el segundo paso. La obediencia es mejor que el sacrificio. Aunque hayas llorado porque te sientes sola, tu ser interior se ha fortalecido en el poder del Espíritu que mora en ti. No temas. La revelación te dará la paz que necesitas. Descansa, pues tu hija verá la grandeza de Dios. A Carmelo que se afine más, pues verá lo que es el poder de Dios.*

"Se abren los ojos de tu espíritu y tu boca no se retendrá a causa de la Palabra de Dios. Nuevas lenguas quemarán tus labios y poder declararás. Lo que ates en la tierra será atado en el cielo; lo que desates en la tierra será desatado en los cielos. Tu nombre es como gigante ante el enemigo. Y su fuerza es ninguna ante la grandeza del Dios Todopoderoso que contigo está. El enemigo no te podrá tocar; le perteneces a Dios. Caerán a tu lado mil y diez mil a tu diestra, más a ti no llegarán. Cuando el enemigo se levante, Jehová se levantará de su trono para cuidarte. El yugo se pudre a causa de la unción. Declara y yo haré. Te amo. Dije que te amo. Te amo, mi niña. La niña de mis ojos, cual si fueras única. Te amo". – Linette Cabrera

Cuando logré hablar por teléfono con Linette sobre este mensaje que me escribió, ella decía que cada palabra escrita fue lo que Dios le estaba dictando para mí. Lo asombroso de esto fue que la paz llegó, decidí aferrarme a esa Palabra y dejar atrás mis lamentos, mis lágrimas y mi falta de fe.

Una nueva temporada llegó. Nos afirmamos más como familia en el evangelio, nuevos proyectos comenzaron a desarrollarse, logramos comprar una casa, al poco tiempo abrimos CRT World Solution, la compañía de procesamiento de tarjetas de crédito y Merchant

Account, que preside mi esposo; y creció mi bebé, Contexto Media Group. Nuestra hija Tati se arraigó en los caminos de Dios. Sé que hay mucho más por ver cumplido, sueño con tantas cosas, y este libro es otra promesa de Dios cumplida.

Deja tu ansiedad atrás. Ponle nombre a tu sueño, capacítate para ejercer tu llamado en el lugar de influencia donde te ha ubicado Dios. No sigas postergando la vida que tienes que vivir en este instante. Decide aferrarte a un mundo de posibilidades dentro de los planes de Dios. Entrégale tus cargas a Dios y Él le dará descanso y paz a tu alma. Es más fácil hacer lo que te corresponde y dejarle a Dios lo que a Él le toca. No intentes ayudarlo, porque a la larga es una carrera en retroceso.

> *Venid a mí todos los que estáis trabajados y cargados, y yo os haré descansar. Llevad mi yugo sobre vosotros, y aprended de mí, que soy manso y humilde de corazón; y hallaréis descanso para vuestras almas; porque mi yugo es fácil, y ligera mi carga. (Mateo 11:28-30)*

No puedo negar que con tantas noticias y tragedias que ocurren a nuestro alrededor nuestro corazón se aflige. Podemos recordar personajes en la Biblia que se deprimieron como Eliseo, pero también está en nosotras reconocer que algo no está bien, que debemos buscar ayuda, que existen personas que nos aman, y que hay profesionales de la salud mental preparados para trabajar con situaciones como la ansiedad, el estrés y la depresión, entre tantos otros males.

Cada vez que oigo que una persona se quitó la vida, me duele el alma. Pasa una película por mi mente de lo que vivimos como familia, de lo difícil que fue salir adelante a pesar del dolor, pero no lo hicimos solos. Tuvimos un equipo de apoyo que no nos soltó en ningún momento. Sobre todo, tuvimos a Jesucristo, que nos recordó con su sacrificio en la cruz que Él se llevó nuestras dolencias y que en el madero quedaron las heridas de cada uno de nosotros.

¿Te sientes deprimida?
¿Qué haces cuando la ansiedad toca a tu puerta?

Es más fácil hacer lo que te corresponde y dejarle a Dios lo que a Él le toca.

CAPÍTULO 7

Obediencia

"Dile al ser humano que nunca un hombre es más hombre que cuando dobla las rodillas ante Dios".

Christina Georgina Rossetti

A lo largo del viaje que me ha tocado emprender, la obediencia ha sido fundamental para continuar hacia el próximo destino.

Como ya les he mencionado anteriormente, me gusta mucho viajar y mucha gente me pide que le recomiende formas de hacerlo. Créanme que literalmente he diseñado viajes para otras personas, así como en ocasiones alguien lo ha hecho para mí. En una oportunidad, aprovechando que íbamos a una convención en Londres en la cual daría una conferencia y sería la animadora del evento, decidimos aventurar y conocer París.

Para ese viaje, mi primo Fran, quien vive en Alemania, me ayudó a planificar cuidadosamente cada paso que daríamos en París para que no saliera muy costoso. Como dato curioso, me dijo que cada uno nos llevaremos una fotografía para comprar un boleto que nos serviría para utilizar el sistema de trenes en Francia con un boleto especial que normalmente es para residentes, también disponible para los turistas. A raíz de ese excelente dato nos ahorramos mucho dinero y tiempo, pues cada vez que alguien va a París le doy ese consejo. Me gusta ayudar siempre que me sea posible.

Tiempo después con mucha ilusión diseñamos nuestro primer viaje para varios destinos en Europa. Fuimos con la ayuda de Dios a Madrid, Milán, Florencia, Munich, Salzburgo y París. Este viaje fue muy especial por varias razones. Durante la pandemia tuvimos que suspender este viaje. Además de eso, mi hija Tati me sugirió que invitáramos a mi sobrina Celia, quien vive en Maracaibo, Venezuela.

Yo tenía reservas en cuanto a que ella viajara con su pasaporte venezolano a diferentes destinos internacionales, pero como Dios hace todo de manera inigualable, nos dimos a la tarea de investigar y resulta que no hay problema en viajar a Europa con el pasaporte venezolano; así que, como regalo de graduación por su licenciatura en periodismo, le dimos la sorpresa, junto a sus padres, de que iría a Europa con nosotros. No se imaginan todo lo que lloró de felicidad y la emoción que nos dio a todos.

Celia ha pasado temporadas con nosotros en Estados Unidos, pero creo que jamás se imaginó algo de esta magnitud; una aventura en la cual solo llevamos una maleta de mano. Viajamos ligeros de equipaje, mis primos Fran y Johanna nos orientaron en todo lo necesario para ahorrar dinero y aprovechar nuestra estadía al máximo, así como tener un tiempo de calidad con la familia que vive en Europa y hace tanto tiempo no habíamos visto.

Como han leído ya, este libro es un viaje, el viaje real de una mujer que en ocasiones fue ignorada, rechazada, criticada, tildada de soñadora con los pies en el aire, pero por obediencia a Dios les comparto cada línea, les abro mi corazón. A través de este libro las inspiro a disfrutar el viaje de la vida, a pesar de las largas esperas en los terminales y los imprevistos que se puedan presentar a lo largo del camino.

Pero sobre todo las invito a ser obedientes a la voz de Dios. Luego de practicar la obediencia, modela la obediencia a otros, comenzando con tus hijos, con tus sobrinos y con tu familia inmediata. La obediencia a Dios abre los caminos, facilita sueños, y yo vivo convencida de que cada solución que nos llega, por ejemplo, cuando queremos viajar, es resultado del favor de Dios por la obediencia.

Cuando salí definitivamente de Venezuela, para mí era importante saber que estaba en obediencia con Dios, que era obediente con mi padre terrenal y también que contaba con la bendición de quien fue mi pastor en Venezuela, el pastor José Inciarte, quien por cierto descansa en los brazos de nuestro Dios.

Ya en otras oportunidades había salido por temporadas de Venezuela. Había estado en Tampa, Florida, como niñera de una hermosa familia. Luego pasé dos temporadas en Puerto Rico y, por supuesto, me enamoré de las playas de Puerto Rico y de su gente, sobre todo de la Familia Cabrera Cuevas, quienes se convirtieron en mis padres, hermanos y familia del corazón.

La obediencia a Dios abre los caminos, y facilita sueños. Cada solución que nos llega, es resultado del favor de Dios por la obediencia.

Cuando obedecer no parece fácil

No todo era color de rosa. Económicamente estaba mejor en Venezuela bajo la cobertura de mi papá, que en un país desconocido. Sin embargo, Dios me quería fuera de Venezuela. Intenté quedarme, pero Dios me movió. En una de las ocasiones que intenté quedarme allá, me hice novia de un muchacho en mi iglesia, un buen chico líder de jóvenes. Comencé a participar del grupo de misiones "Resplandece", hicimos cosas increíbles para Dios, viajes misioneros a Sinamaica donde se encuentra la población indígena cerca de Maracaibo y tantas otras cosas. Aunque me sentía haciendo lo correcto para Dios, ese noviazgo no era lo que Dios tenía para nosotros. Cometí muchos errores y fallé una y otra vez. Yo misma no me valoraba, buscaba aprobación de otras personas, aunque servía con pasión. Por ese tiempo no caminaba en obediencia y ni siquiera me daba cuenta o trataba de creer que estaba en lo correcto.

Me armé de valor y le dije al chico que lo admiraba mucho, que era un hombre increíble, que estaba segura que Dios tenía grandes cosas para él, pero que lamentablemente no podíamos seguir siendo novios. (Me da mucha alegría verlo hoy en día junto a su linda familia sirviendo a Dios) En ese preciso momento que estábamos terminando, un profeta que la gente decía que no tenía ningún don de profecía, me dijo, sin yo preguntar: "Te vas a casar antes de lo que te imaginas". Yo me reí, y le dije: "¿Cómo que casar si ya no tengo novio? Acabamos de terminar". Él respondió: "No es él, es un hombre extranjero, no será en este país". Me acuerdo de ese momento y se me eriza la piel. Me pregunto si Dios es tan específico con otras personas. Porque conmigo lo ha sido de una manera indescriptible.

Procura con diligencia presentarte a Dios aprobado, como obrero que no tiene de qué avergonzarse, que usa bien la palabra de verdad.
(2 Timoteo 2:15)

En mi corazón yo quería regresar a Puerto Rico, pero en esta oportunidad tendría más madurez, con toda la experiencia ganada en Dios y con un propósito diferente. Eso no se lo había dicho a nadie. Cuando esa noche llegué a mi casa después de una ruptura amorosa y de recibir esa Palabra que me dejó un poco despistada, mi papá me preguntó, "¿cómo te fue?". Solo le conté la primera parte, le dije que ya no tenía novio, a lo que él respondió "mejor, ya nada te obliga a quedarte aquí, ya puedes regresar a Puerto Rico". Parece que él sabía, sin que se lo hubiese dicho, que yo quería regresar. Tan pronto pude llamé a Mary y a Taly Cabrera, y les pregunté si podía volver a su casa en Puerto Rico. Ellos amorosamente abrieron sus puertas.

Después de eso y de comprar mi pasaje, le dije a Dios que no quería estar en desobediencia, ya había metido la pata muchas veces y no aspiraba que mis emociones me traicionaran. Esto es algo muy personal, pero yo le pregunto cosas a Dios y le pido señales, y no le digo a nadie. A veces me responde con una señal específica, otras veces con algo muy fuerte en mi pecho que es como una voz, pero no audible. Otras veces me confirma con la Palabra y a veces usa a alguien para decirme que está orando por mí, sin que yo me imagine que esa persona siquiera está pensando en mí.

Le dije a Dios que para estar segura de lo que Él quería para mí, me confirmara por medio del pastor Inciarte; (Él era mi pastor en aquel entonces en la Iglesia La Cruz en Maracaibo, Venezuela) que cuando yo le contara mis planes al pastor Inciarte, si era su voluntad me diera el visto bueno o que si no era voluntad de Dios el pastor me dijera que no era buena idea. A nadie le dije esto y fui a la oficina del pastor después de haber orado por un tiempo. En esa época no era costumbre que los venezolanos se fueran del país, al contrario, crecimos, rodeados de españoles, portugueses, italianos, colombianos y tantas otras nacionalidades a las que Venezuela había abierto sus puertas.

El pastor, incluyendo a su círculo inmediato, le aconsejaba quedarse en Venezuela. Cuando le dije que estaba considerando irme definitivamente a Puerto

Rico él respondió: "Mija, me parece muy bien. Usted aquí nunca va a poder echar raíces. Siempre le va a tocar estar a cargo de sus hermanos. Usted necesita hacer su vida y establecer su propia familia".

De verdad que yo pensaba que me iba a decir que no me fuera. Yo era líder en la iglesia, participaba de varias actividades importantes y él no fue egoísta. Prefirió despedirme en bendición y así lo hizo en un culto de un lunes en la noche. En aquel entonces quizás éramos casi tres mil personas, me llamó al altar, oró por mí y le dijo a la congregación que yo me iría a Puerto Rico. Recuerdo ese día como único, uno que marcó un antes y un después. Mi decisión de obedecer fue recompensada por Dios.

Como a los dos meses de estar en esta nueva temporada en Puerto Rico conocí a mi esposo Carmelo, al que se refería aquel profeta, con quien por cierto no tuve contacto sino muchos años después. Cuando coincidí con quien me profetizó sobre mi esposo, le conté que eso que me había dicho se había cumplido exactamente porque en poco tiempo me casé con mi esposo. Dios es único y cada historia es diferente. En la mía ha habido de todo un poco, pero siempre he decidido ser obediente y eso me ha traído recompensa, aunque ha habido dolor en el camino.

En la actualidad mi viaje va ligero de equipaje, llevo lo esencial y le modelo a mi hija que es mejor disfrutar el viaje y aprender de cada destino, que estar llevando un equipaje pesado que nadie quiere ayudarte a cargar y que te impide avanzar.

Para ese viaje que dimos mi esposo, mi hija, mi sobrina y yo tuvimos el reto de empacar pocas cosas y fueron más de 15 días. A veces no tenemos opciones, así que les enseño qué es lo esencial que necesitan para algunos viajes. Estoy segura que recordarán esto toda su vida y alguna vez lo intentarán cuando tèngan sus propias familias.

Mientras tanto, yo sigo siendo la mujer que prefiere seguir soñando con los pies en el aire porque voy cargada en los brazos de Jesús, obediente a su Palabra, anclada a sus promesas sin temor al futuro, porque tengo la Palabra de Dios como un estandarte para vivir cada día.

¿Eres obediente en el viaje que estás teniendo?

Mi viaje va ligero de equipaje, llevo lo esencial. Es mejor disfrutar el viaje y aprender de cada destino que estar llevando un equipaje pesado que nadie quiere ayudarte a cargar y que te impide avanzar.

CAPÍTULO 8

Ligera de equipaje

"La vida es realmente un viaje, y cuanto menos equipaje llevemos, más fácil será el viaje".

Wally Amós

Comienzo este capítulo contándote que he vivido en Venezuela, Puerto Rico y en Estados Unidos, lo que ha hecho que mi viaje esté lleno de afectos, de personas de diferentes culturas, gente grandiosa que ha ocupado un pedacito de mi corazón.

Con el favor y la gracia de Dios he viajado a Panamá, República Dominicana, Colombia, Aruba, St. Martin, Curacao, St. Thomas, Las Bahamas, Cánada, Israel, Francia, Inglaterra, Arizona, Las Vegas, Nueva York,

New Jersey, Philadelphia, New Orleans, Tennessee, Miami, Atlanta, Washington, Virginia, Boston, Carolina del Norte, Carolina del Sur, Alemania, Italia y España.

Cada destino ha sido escogido cuidadosamente por alguna razón en específico y en cada viaje he aprendido a viajar ligera de equipaje. Cuando pienso en mis inicios y veo hacia atrás solo puedo decir gracias. Hay personas que dicen que para atrás ni para agarrar impulso, pero a mí sí me gusta ver lo que ha quedado atrás, no con nostalgia, sino con un *Corazón Agradecido*. Lo que dejé atrás valió la pena; cada día ha sido parte de mi historia.

Cuando te menciono todos esos lugares que conozco, no es para impresionarte, ni para que creas que tengo una fórmula mágica que te diré que sigas y con eso vas a alcanzar tus metas, pero sí anhelo ayudarte a batallar con tus miedos, a que puedas encontrar el potencial que Dios ha depositado en ti, y para eso es importante que sueltes el exceso de equipaje y puedas viajar ligera de equipaje.

La manera que hago la maleta hoy en día no es igual a como la hacía cuando tenía 20 años y quería empacar por si acaso esto y aquello. Sí hay dos maletas que recuerdo muy bien lo que tenían en su totalidad. Fueron las maletas que hice cuando me mudé a Puerto Rico con recuerdos, sueños, cicatrices, proyectos, alegrías, tristezas, esperanza, fe, pasión e incertidumbre. El denominador común de las personas que se mudan de un país a otro puede ser parecido a lo que yo llevaba en esas dos maletas. Siempre tuve cierto toque de misterio para Inmigración y en esa oportunidad no podía fallar que un oficial de Inmigración me asustara hasta más no poder. Tanto fue el tiempo que me tuvieron en una habitación haciendo preguntas, que mi prima Linda, quien me esperaba afuera, llamó al que era su jefe (El cónsul de Venezuela en Puerto Rico) y él trató de intervenir para saber por qué me tenían retenida.

La respuesta del oficial de inmigración fue: "Usted tiene voz y mando en el consulado. Aquí no puede estar, nosotros decidiremos si la joven puede entrar". Finalmente me dejaron pasar. Yo seguía creyendo en las promesas de Dios, pero con un dolor de estómago increíble y con todo lo que les dije que tenía en esas maletas viejas hecho trizas. Cuando pasaba por inmigración creía que me observan raro, por cierto ya ese temor quedo atrás, qué bien se siente entrar a Estados Unidos y que te digan *Welcome home* (Bienvenida a casa). No fue la única vez que en un viaje me detuvieron, incluso estando casada y con mi niña pequeña, pero Dios siempre estuvo en el asunto y logró sacarme victoriosa de cualquier proceso.

En esa mudanza a Puerto Rico con mis dos maletas viejas, de esas cuadradas que se usaban antes que apenas rodaban, un hombre me estaba ayudando a llevarlas hasta que Inmigración me detuvo. El señor fue más rapido que Houdini; escapó rápidamente y dijo que no me conocía. Pobre, debió haberse asustado.

Deja fuera de tu maleta…

No empaques en tu maleta lo innecesario…Sin importar lo que sea, yo estaba dispuesta a comerme el mundo para alcanzar el propósito de Dios en mi vida. El resultado que veo hasta el momento me gusta, pero para eso tuve que aprender a dejar varias cosas fuera de mi maleta, no solo para ese viaje, si no para muchos otros, por lo que me permito recomendarte que…

No empaques "**Amargura**". Identifica cuál es la razón de tu amargura, entrégale a Dios la situación que te causa esto y deposita tu amargura en las manos de Dios. Perdona al causante de esa amargura en tu vida.

Tampoco empaques "**Miedo**". No dejes que tus miedos te paralicen, que esa vocecita en tu interior no logre derrumbar el plan que Dios tiene establecido contigo. Esfuérzate y sé valiente, lucha por vivir una vida con propósito, que tus horas del día no sean consumidas por la cotidianidad. Anhela dejar un legado aun después de tu partida física de esta tierra.

Deja también fuera de tu maleta la "**Culpa**". Los errores que hayas cometido en el pasado quedan en tu pasado. Dios es el Dios perdonador, no está con el dedo acusador ante eso que hiciste, no te descalifica del llamado del Padre Celestial para cumplir con la asignación que te entregó aquí en la tierra. Pídele a Dios que esas culpas que cargas se conviertan en sabiduría para poder ayudar a otras en sus tropiezos.

Si te falla el GPS, recuerda que Dios tiene una brújula indicando el camino para llegar con éxito.

Cuando el viaje se hace con un equipaje ligero, somos más ágiles, tenemos más oportunidades de avanzar, estamos con los brazos libres y descansados para recibir las bendiciones, así como también podemos ayudar a las que tienen las manos ocupadas.

Sé del selecto grupo de personas que disfrutan el viaje sin importar el destino y que en cada circunstancia ven una oportunidad para crecer, aprender y servir.

Si te falla el GPS, recuerda que Dios tiene una brújula indicando el camino y que para llegar con éxito a las indicaciones que te ha dejado en el mapa debes viajar con poco equipaje.

A lo largo de la vida y en cada viaje van a existir tropiezos que parecerán como una piedra en la rueda de la maleta, pero siempre que andemos con nuestra mirada puesta en Cristo el camino estará despejado y no habrá temor de caernos, como lo dice en este hermoso Proverbio 3:23: *Entonces andarás por tu camino confiadamente, y tu pie no tropezará.*

Dejemos huella, vivamos con propósito, sostengamos la escalera de alguien, ayudemos a quien esté a nuestro alcance, compartamos lo que tenemos, pero, sobre todo, vivamos a plenitud.

Sin importar lo que pase, he aprendido a ir ligera de equipaje, a tener espacio para los amores duraderos y las relaciones que verdaderamente valen la pena. Con esto no podría nombrar mis afectos más cercanos porque mi corazón es grande y la lista es inmensa. Si algo he aprendido a lo largo del recorrido es a amar sin esperar nada a cambio, ser leal, agradecida y honrar a aquellos que han estado dispuestos a ayudar, aunque no tenían que hacerlo.

Si tomamos en cuenta que solo una vez pasaremos por esta vida, dejemos huella, vivamos con propósito, sostengamos la escalera de alguien, ayudemos a quien esté a nuestro alcance, compartamos lo que tenemos, pero, sobre todo, vivamos a plenitud, sin reservas, sin calcular tanto, sin agobiarnos por el mañana, sin temor al qué dirán, siendo la protagonista de la historia que Dios ha escrito para nosotras.

En el camino debemos aprender a despojarnos del equipaje innecesario. Guarda tu agenda y vive la agenda de

Dios. Prepárate para recibir tu galardón en la eternidad; que cuando tu nombre sea pronunciado la gente vea un reflejo de Jesús. Por amor al Padre Celestial, viaja ligera de equipaje. Por amor a los que amas, viaja ligera de equipaje. Por amor a tu propio bienestar, viaja ligera de equipaje.

Que cuando estés en ese punto de tu vida que digas que ha valido la pena el camino escabroso, puedas decir como Pablo en 2 Timoteo 4:7-8:

> *He peleado la buena batalla, he acabado la carrera, he guardado la fe. Por lo demás, me está guardada la corona de justicia, la cual me dará el Señor, juez justo, en aquel día; y no sólo a mí, sino también a todos los que aman su venida.*

Te invito a que reflexiones en esas cargas que llevas y no te permiten avanzar. Puedes iniciar un cuaderno que será tu nuevo diario con Jesús. Reflexiona en esta y otras preguntas que vendrán a tu memoria.

¿Cómo podemos levantar los brazos de otros, si nuestros brazos están cargados con cargas que no le entregamos a Dios?

Por amor al Padre Celestial,

viaja ligera de equipaje.

Por amor a los que amas,

viaja ligera de equipaje.

Por amor a tu propio bienestar,

viaja ligera de equipaje.

CAPÍTULO 9

Pasión por el trabajo

"Tu propósito te apuntará a la dirección correcta, pero la pasión será lo que te impulse".
Travis McAshan

Desde los 15 años comenzó mi pasión por el trabajo. Tuve una variedad increíble de empleos; algunos me ayudaron en gran manera a formar mi carácter. Como ya les he contado estudié, entre tantas cosas, Educación, así que fue fabuloso para mí mientras vivía en mi querida Maracaibo, Venezuela, poder combinar mi trabajo como maestra con otras cosas fascinantes.

Mi hermano mayor, Jhon, de quien les hablé en el primer capítulo, a quien amo con todo mi corazón, en esta etapa de nuestras vidas maduras se ha convertido en mi compañero de batallas; esa voz que aún en la distancia me da aliento cada mañana. Pero en una temporada pasada, Jhon se quedó sin asistente de producción para su espacio Teleresumen Deportivo, el cual se transmitía en Televisa, un canal local en nuestra ciudad. Yo, siempre dispuesta, le dije que lo ayudaría por unos días mientras conseguía otra periodista. Aunque yo no estudié periodismo estuve siempre en la radio, y también ayudé y participé en comerciales de televisión en Maracaibo, así que tenía toda la experiencia necesaria para hacer eso.

Muchos creían que estaba haciendo mi *internship* (pasantía) allí con mi hermano. Fue un tiempo super chévere. Aprendí a editar videos con unas máquinas que, por supuesto, hoy no existen. Mejoré mi redacción y tenía la oportunidad de ir con un camarógrafo del canal a cubrir eventos deportivos y otras cosas en las que logré involucrarme, además de conocer gente increíble y estar en vivo detrás del "teleprompter" mientras transmitían el noticiero. Me apasionaba mucho estar tras bastidores y aún llego a un lugar donde hay una cámara y no puedo evitar mirar las cámaras con admiración. Estuve bastante tiempo trabajando con mi hermano y lo que era momentáneo se convirtió en una gran ayuda para él y en una escuela hermosa para mí.

También di mis primeros pasos con entrevistas en otras áreas que no fuera el campo cristiano. Recuerdo que en una oportunidad me enviaron a cubrir la inauguración de los Juegos Centroamericanos y del Caribe que se realizaron en Maracaibo, Venezuela, en 1998. Había muchas personalidades, incluyendo al príncipe Carlos de España. En ese tiempo Venezuela era próspera; un destino con un atractivo turístico increíble.

Mientras estuve en el canal dejé mi huella. Todos sabían que la chica Pozo era cristiana y que me esmeraba en hacer brillar a mi hermano en su participación en la televisión, como si fuera yo la que iba a presentar el espacio de las noticias, como lo dice en Colosenses 3:23-24:

Hagan lo que hagan, trabajen de buena gana, como para el Señor y no como para nadie en este mundo, conscientes de que el Señor los recompensará con la herencia. Ustedes sirven a Cristo el Señor.

Otro trabajo divertido que tuve fue en el Citibank en Maracaibo. Cuando decidí que estaba agotada con el magisterio, intenté regresar al trabajo de oficina. Pensé que sería pan comido, pues ya de jovencita había trabajado en el Banco de Maracaibo. Me dije, "esto debe ser similar". Por un tiempo trabajé allí, hice amigos queridos, ayudé a mucha gente con mi trabajo, pero rápido comprendí que eso no era para mí, así que seguí buscando mi norte.

Cuando finalmente Dios me mudó a Puerto Rico, trabajé varios años como maestra, como ya les conté anteriormente. Dios siempre me permitió relacionarme con personas que de alguna u otra manera quedaban prendadas con eso que cargo en mi ADN, así que en uno de mis trabajos conocí a un señor que posteriormente se convirtió en mi jefe.

Por muchos años trabajé para su compañía que ofrecía servicios de *streaming* a las iglesias para que desde sus páginas web pudiesen transmitir sus cultos. En aquel entonces no se transmitía en vivo desde las redes sociales. También trabajamos con canales de televisión, en fin, fue una etapa que me permitió vivir grandes momentos, muchas alegrías y también decepciones. Recuerdo esa faceta laboral con cariño y agradezco a Dios por la temporada que viví allí.

Hacia el camino empresarial

Un tiempo después y luego de tener otro trabajo más, del cual realmente no hay tanto que mencionar y de donde por primera vez me despidieron luego de ofrecerme villas y castillas, inicié el camino para ser una empresaria. Dios me quitó lo que yo no estaba dispuesta a soltar, me sacó de mi zona de comodidad, me retó y me recordó que yo valgo mucho, no por lo que soy, sino porque Él me da el valor, me creó y me pulió como una piedra preciosa. No debía conformarme con migajas porque Dios tenía un banquete para mí.

Ha valido la pena creerle a Dios, viajar agarrada de Su mano, vivir esperanzada con Sus promesas, y ponerle nombre a mis sueños y decidirme a vivirlos.

En el 2015 oficialmente me convertí en mi propia jefa, una manera divertida de llamarle a hacerlo todo y trabajar más que lo que podía imaginar. Me encanta lo que hago, he conocido tantas historias detrás de las canciones y los libros que he tenido la oportunidad de lanzar; he experimentado la gracia y el favor de Dios en cada paso que he dado. Si hiciera un resumen del viaje que he vivido con Contexto Media, no podría dejarlo todo en este capítulo. Lo que sí puedo decirles es que ha valido la pena creerle a Dios, viajar agarrada de Su mano, vivir esperanzada con Sus promesas, y ponerle nombre a mis sueños y decidirme a vivirlos.

Un día le conté a mi esposo acerca de un viaje que estaba organizando una compañía, y que luego de orar yo les había presentado una propuesta acerca de ofrecerles mis servicios como parte del pago para ir a ese viaje que ellos estaban organizando. Mi esposo me miró con esa linda carita que pone cuando sabe que su esposa tiene una de sus fabulosas ideas creativas.

Para nuestra sorpresa nos aprobaron lo que solicité y en menos de lo que imaginé estábamos en Israel. Fue un viaje que jamás se acercó a las historias que mi padre me había dicho según su experiencia cuando fue a Israel. Lo más increíble es que iban muchos cantantes cristianos y yo quería tener mucho material para Contexto para el área de la página de noticias. Mi sorpresa más grande fue que todo lo que yo pensaba perdió relevancia al caminar por las páginas de la Biblia, sentir ese olor que hay en Jerusalén, estar en contacto con ese pueblo escogido por Dios, conocer de primera mano la ciudad amurallada, sentir que ya había estado allí y que pertenezco a ese lugar. Todo me comprometió a orar por la paz de Jerusalén. Es un viaje que toda persona que quiera conocer más de la historia que relata la Palabra de Dios debe hacer lo posible por ir.

La pasión por mi trabajo me ha permitido ser reconocida y recibir la gratitud de todo aquel con el que he tenido la oportunidad de trabajar, pero sobre todo me ha dado una visión clara de los procesos de Dios, me ha acercado a su corazón y me ha permitido dar de gracia lo que por gracia he recibido.

En otra ocasión, un amigo muy querido, Jay Paredes, me había dicho en una conversación muy casual que cuando hiciera la presentación de Expolit[4] en

---

4 Expolit es una plataforma que facilita la conexión, la colaboración y la difusión del evangelio, reuniendo artistas, líderes, libreros, políticos, comunicadores, autores, familias y cristianos en general.

Londres, a él le gustaría que yo lo ayudara. Ya yo tenía experiencia en esa área, pues por varios años yo había coordinado a través de mi compañía Contexto Media Group la conferencia de Expolit en Orlando.

Cuando se dio la oportunidad no lo pensé ni un segundo, empaqué mis cosas y allí me vi atravesando el Atlántico junto a mi familia para sostener la escalera de un amigo que necesitaba mi experiencia en esa área. Salimos bendecidos. Fui la maestra de ceremonia del evento y una de las conferencistas, hice nuevos amigos y hasta conocí la humilde casa de la Reina Isabel (El Castillo de Windsor).

En ese viaje mi familia y yo tuvimos el tiempo de afianzar lazos de hermandad con Jay y Angela Paredes, nuestros anfitriones; con María De la Cruz, con Stefany Reyes y su familia. Además debo decirles que este libro fue depositado en mi corazón por Dios en Londres, cuando sin tener eso en mente, procuré en varias ocasiones del recorrido sentarme junto a Marie Griffin, quien fue por muchos años la directora de Expolit.

Siento tanta admiración y gratitud por ella, que anhelaba poder servirle y honrarla. Para mi sorpresa, en ese viaje ella aconsejó a mi hija en muchas áreas de su vida, la inspiró como solo Marie sabe hacerlo. Admiré más aún la Marie servidora, la que una de las mañanas horneó unas empanadas que no recuerdo ni de dónde salieron, la que aprovechó el tiempo de recorrido en el

Uber para hablarle sobre Jesucristo al conductor, la que se bajó con mi esposo a comprar la comida mediterránea porque ella iba a conseguir el mejor trato para su equipo.

Pero lo que más me impresionó es que abrí mi corazón a Marie, le conté mi historia de dolor y superación y ella con su humilde personalidad, pero a la vez avasallante, dijo: "Tienes que escribir esto en un libro, tu testimonio ayudará a muchas mujeres". Yo estaba segura que en ese viaje yo iba a ser de bendición, anhelaba servir. Una vez más fui sorprendida por los planes de Dios, Él ha recompensado una y otra vez cada acto de servicio y obediencia.

Dios no se queda con nada; sus promesas son una gran realidad.

En el viaje habrá tiempo para hacer paradas y contemplar el paisaje. Muchas veces lo que crees que es el objetivo final llega a sorprenderte cuando te deleitas cuidadosamente en el recorrido.

En mis viajes, ya sean por trabajo o de vacaciones, siempre he visto los detalles y el cuidado de Dios. Aunque sean de vacaciones, tanto mi esposo como yo, tenemos que trabajar remoto, aunque sea un par de horas, no porque seamos adictos al trabajo, sino porque las responsabilidades lo ameritan.

En uno de los destinos que he visto sorpresas y que a Dios se le pasó la mano, como decía mi papá, fue en Nueva York. En una oportunidad una reconocida agrupación de música cristiana iba a grabar un concierto en vivo en el Madison Square Garden. Me hacía mucha ilusión involucrarme laboralmente en ese concierto porque cuando iba comenzando con Contexto Media Group, esa banda había hecho un concierto en Orlando, y estuvimos a cargo de las relaciones públicas.

Sin dudarlo ni un segundo, me comuniqué con la persona que me podía dar el visto bueno. Se logró un acuerdo. Lo que nunca imaginé es que el logo de Contexto Media Group aparecería en las pantallas del Madison Square Garden de Nueva York. Fue una gran sorpresa; jamás se me olvidará esa vocecita susurrándome, "en lo poco has sido fiel, en lo mucho te pondré". Definitivamente, una vez más Dios y sus detalles.

Al inicio les dije lo especial y significativo que es Puerto Rico para mí. Cuando nos mudamos de allá fue por instrucción específica de Dios para mí y mi familia. Aunque vamos con cierta frecuencia a visitar a nuestra familia, no había tenido la oportunidad de regresar a dar de lo mucho que me ha dado Puerto Rico y su gente.

Tuve la bendición de hacerlo y fue de la manera que solo Dios sabe.

Desde hace algún tiempo, le ofrezco servicios de Relaciones Públicas a Blessing Recording Studio, Promotion and Productions, del pastor Luis Avilés. Gracias a un hermoso concierto que produjo en Puerto Rico, mis ojos pudieron ver las promesas de Dios cumplidas una vez más. Me recordó de dónde me había sacado y que ahora no era la misma jovencita que había llegado con dos maletas llenas de sueños a unas tierras lejanas. Ahora era una mujer que venía a trabajar y a servir a Dios de una manera especial, a interceder por un país que tanto lo necesita. Estuve junto al equipo de trabajo en diferentes medios de comunicación y en cada uno de ellos Dios me recordaba su fidelidad.

Pude haberme rendido en el camino, pero Dios no me dejó hacerlo; su mano me sostiene.

¿Trabajas todo como si fuera para Dios?

CAPÍTULO 10

Escuchar al Guía

"El que no escucha primero a Dios no tiene nada que decir al mundo".
Hans Urs von Baltasar

Este capítulo lo escribí mientras volamos desde Orlando hacia Arizona. Fuimos a visitar a mis primos Johanka, Jersus y los niños. Fueron 4 horas de vuelo, luego al llegar a Phoenix manejamos como 2 horas más hasta Cottonwood, la ciudad donde ellos viven. Decidí utilizar mi tiempo en varias cosas mientras duró el vuelo, ví una película, leí un poco, y continué escribiendo acerca del viaje que inicié hace muchos años atrás. Mientras el piloto nos daba la bienvenida, algunos pasajeros escucharon las instrucciones, otros al parecer prefirieron seguir en sus teléfonos sin importar lo que dice el guía. Yo soy de las que les gusta escuchar al guía, así tengo más oportunidad de aprender y simplificar lo que para algunos es una odisea. Creo ciertamente que muchas veces por no escuchar al guía cometemos grandes errores, además de gastar nuestro tiempo en cosas que no valen la pena.

Durante el viaje de mi vida he encontrado a muchas personas. Algunas han añadido un valor significativo y gran relevancia a mi vida, otras han querido aprovecharse de los beneficios que por alguna u otra razón les ha brindado mi compañía.

Un guía muy cercano fue mi padre. Quizás no todo el tiempo pensé que era el mejor guía, pero me aventuré a seguir sus consejos. Cuando comencé Contexto Media Group, mi papá vino a visitarnos, y yo aún trabajaba en una compañía mientras le daba forma a esos primeros inicios con Contexto Media Group. Hice un repaso mental de una conversación que sostuve en la sala de mi casa con mi padre. Parece que el tiempo se detuvo en ese avión; llegaron recuerdos y lágrimas a mis ojos. Le dije, "Papi, me acaban de llamar de Expolit. Recibí una llamada de María De la Cruz (quien en ese tiempo era la coordinadora de medios de Expolit), invitándome a tener presencia con Contexto como un medio acreditado", lo que representaba un sueño para mí.

¿Cuál es tu miedo?
Las oportunidades bien aprovechadas
pueden determinar el camino al éxito.

Había ido a Expolit por muchos años como empleada de las compañías para las que había trabajado, pero era mi oportunidad para empezar un nuevo viaje. Sin embargo, a pesar de mi felicidad, me llené de miedo, algo que muchas veces me ocurría. Allí fue cuando mi papá, luego de escucharme, me dijo: "Hija, todo suena maravilloso. ¿Cuál es tu miedo?". Yo respondí: "¿Y qué hago con mi trabajo, ellos también van a Expolit?". Sin dudarlo, mi padre respondió: "Por el momento, confirma tu asistencia, y más adelante se irá viendo. Las oportunidades bien aprovechadas pueden determinar el camino al éxito".

Cada ser humano necesita seguir a un guía que de vez en cuando lo pueda despertar del letargo o que sencillamente lo anime a ver más allá de sus propias circunstancias. Han pasado muchos años de ese primer Expolit al que fui como empresaria. A lo largo del camino he podido ayudar autores, cantantes y compañías a ejercer su llamado de una manera más efectiva gracias a los servicios que les ofrecemos.

Si de alguna manera yo me hubiese quedado paralizada por el miedo, no estarías leyendo estas líneas; probablemente seguiría trabajando para alguien más y lo más triste habría sido que mis ojos no habrían sido testigo del cumplimiento de las promesas de Dios en mi ámbito profesional, por no haber escuchado al guía.

Como dato jocoso hoy en día, porque en su momento me asustó mucho y me dio indignación de ese trabajo al cual yo le dedicaba más horas y esfuerzo del que debía y me despidieron sin importar mi esmero y desvelo. Una gran lección recibí de parte de Dios, quien me quitó lo que estorbaba mi crecimiento, lo que creía que era mi tabla de salvación, mi única opción en Estados Unidos para progresar. Por primera vez experimenté lo que se siente ser despedida de un trabajo. Como pude, me sequé las lágrimas y me sacudí el polvo. El viaje cambió de rumbo, no ha sido fácil, pero es lo mejor que me ha pasado.

En este capítulo te mencioné sobre escuchar el guía y usé como referencia a mi papá terrenal. Te dije que es bueno tener un guía en la vida alguien, que te diga la verdad sin herirte. Pero a veces esa persona solo está en algunas paradas de tu viaje y llegan nuevas. Mientras vayas avanzando en tu propio viaje, sé bien selectiva con esa persona a quien le das permiso de entrar en tu vida y ser el guía de la excursión.

He aprendido en este recorrido que el mejor guía que me ha llevado a los lugares más inesperados ha sido mi buen Padre celestial. Una y otra vez he tenido que decirle a viva voz lo que manifiesta Salmos 25:4-5: *Señor, muéstrame tus caminos, y enséñame tus sendas. Guíame en tu verdad y enséñame, porque tú eres el Dios de mi salvación; en ti espero todo el día.* Aunque a veces me he perdido en el laberinto de mis problemas una y otra vez, me ha mostrado la ruta que me conduce directamente a cumplir su voluntad y propósito.

Estoy segura que en muchas ocasiones has tenido una incertidumbre tan grande que no te permite avanzar, y por más que Dios te envía señales, sigues sin colocarte el cinturón para que puedas despegar a tu próximo destino. No dejes que esa mezcla de no sé qué te impida cumplir con el propósito. Toma un tiempo para buscar a Dios en la intimidad. Él anhela hablarte, ser tu guía, extenderte los brazos y decirte, "conozco cada una de tus soledades, de tus lágrimas, yo estoy aquí contigo, soy tu ayudador, el poderoso gigante que te sostiene".

Tú tendrás la oportunidad de convertirte en la guía en la vida de alguien. Procura ser intencional y hacerlo con diligencia.

Busca esa manera especial que Dios tiene para hablarte. En mi caso tiene un trato particular conmigo. Siempre he dicho que soy muy parecida a Jonás porque, aunque me esconda de Él y quiera encerrarme en el compartimiento donde guardo las maletas en mi casa para que nadie me encuentre, Él sabe cómo encontrarme y me muestra su guianza en diferentes maneras.

Me ha funcionado escuchar al guía, ya sea la persona que esté en mi plan de vuelo y, por supuesto, al director de la aventura que poco a poco fue formando a una mujer firme, segura, valiente, pero, sobre todo, obediente a su Palabra.

A veces se nos olvida escuchar al guía. Cuando eso te ocurra recuerda que por alguna razón tienes dos orejas, úsalas más. Deja descansar tus labios y aprende a escuchar al guía que tiene los mejores planes de bienestar para ti y los tuyos.

*Si crees que tú eres suficiente para
todo y no necesitas escuchar al guía,
te invito a ejercitarte en el hábito de buscar
el consejo sabio pídele sabiduría a Dios.*

Cuando somos jóvenes creemos que todo lo sabemos, que no necesitamos escuchar al guía. Algunos adultos nunca se dan cuenta que ya pasó su juventud y siguen sin seguir las direcciones establecidas en los diferentes ámbitos de la vida. Ten en cuenta que tendrás la oportunidad de convertirte en la guía en la vida de alguien. Procura ser intencional y hacerlo con diligencia; tendrás que rendir cuentas de la persona que decida seguirte en el recorrido. A veces serán tus sobrinos, hermanos, hijos, compañeros de trabajo o algún vecino.

Tengo el privilegio de ser madre; mi hija Tatiana es uno de los regalos más increíbles que el cielo me ha dado. Es la tarea que con más esmero he realizado. Me preparé para ser madre con la experiencia de tener que ayudar a mi papá con la crianza de mis hermanos, así como también ayudé a mi esposo en la crianza de sus hijos. Sin embargo, nunca fue suficiente. Los errores llegaron, pero gracias a la dirección de Dios mi esposo y yo hemos logrado ver los avances en la vida de Tati. Sé que cuando Dios me pregunté, "¿Qué hiciste con la hija que te entregué?", le diré sin reservas: "Le di todo mi amor, le presenté tu Palabra, fui lo más firme y correcta que pude en su disciplina".

Hoy en día le hablo a mi hija sobre la importancia de escuchar al guía en su vida espiritual con Dios; en la universidad con los profesores, sabiendo discernir de lo valioso y lo que no tiene sentido; y en la vida familiar, que escuche la guía de sus padres. Recientemente Tati nos dio la alegría de graduarse del College, un primer escalón en su vida universitaria.

Si crees que tú eres suficiente para todo y no necesitas escuchar al guía, te invito a ejercitarte en el hábito de buscar el consejo sabio pídele sabiduría a Dios. Él te revelará sus planes y susurrará consejo a tu oído. Aprovecha cada momento de tu vida con sabiduría; los tiempos son difíciles y el consejo sabio es valioso.

Atesora en tu corazón la Palabra que se encuentra en Santiago 1:5: *Si a alguno de ustedes le falta sabiduría, pídasela a Dios, y él se la dará, pues Dios da a todos generosamente sin menospreciar a nadie.*

¿Sigues al pie de la letra las instrucciones de Dios?

CAPÍTULO 11

Disfrutar cada momento del viaje

"Viajar es vivir".
Hans Christian Andersen

En Europa aprendí a disfrutar más cada momento del viaje. Estarás pensando, "claro, así cualquiera", pero hago referencia específica a los tropiezos que pueden aparecer y cómo decides enfrentarlos. Una vez se calmó la pandemia y retomamos el viaje que tanto habíamos postergado a causa del COVID 19, nos reunimos en Madrid con Celia, mi sobrina, quien arribó desde Venezuela. Nos esperaban nuestros primos, Johanna, William, Marisabel, Juan, Manu y mi Diego.

El rencuentro fue tan añorado que no se restringieron los abrazos, las lágrimas, las risas y el asombro por ver a Manuel y Diego convertidos en unos hermosos jóvenes. Tati y Celia se fundieron en el abrazo que tanto habían anhelado.

En las reuniones de la familia Pozo siempre tiene que haber mucha comida, saboreamos cada bocado y compartimos la fascinación por hablar. Todos somos tan habladores; no solo nos ponemos al día en lo que cada uno anda, sino que siempre sale a relucir nuestra vida en Venezuela, las etapas difíciles, las alegrías y, por supuesto, el apartamento de mi tía Maritza. Algo que todos los primos Pozo tenemos en común es que amábamos pasar nuestras vacaciones en ese apartamento con la rica comida de Maritcita y sus ocurrencias, así que nuestros hijos nos escuchan y preguntan y preguntan. Sin darnos cuenta nos convertimos en mayores y estamos hablando de esas historias que tanto nos hacen reír. Nuestros hijos a veces ni entienden qué tienen de divertido.

*Nuestra esencia familiar
es el evangelio de Jesucristo, así que
cada segundo aprovechamos como
familia para traer a la mesa lo que Dios
ha hecho en cada desierto.*

Luego de pasar unos días increíbles en Madrid visitando a mi familia que vive de ese lado del mundo, nos aventuramos a viajar hasta Italia Tati, Carmelo, Celia y yo. Mi gran sueño de conocer la tierra de mi familia materna fue más asombroso de lo que me imaginaba. Mil cosas pasaban por mi mente; me faltaba un poco la respiración. Cuando el avión aterrizó, mi gran sorpresa en esa llegada fue que pasamos como "Pedro por su casa". Antes de este viaje nos habían pedido que llenáramos formularios con información sobre nosotros y los registros de vacuna, incluso la mujer que nos hizo el abordaje en el avión de Madrid nos aseguró que íbamos a tener problemas en Italia con nuestras tarjetas de vacuna (siempre hay alguien que quiere robarte la paz). Mi mente negativa, que de vez en cuando quería meterme el pie, me recordaba lo que mi hermano Gerardo, el único de mis hermanos que ya obtuvo su nacionalidad italiana, me decía sobre la gente que trabaja en el consulado de Italia en Maracaibo, "esos son más secos". Yo le respondía, "imagínate, poder vivir en Italia y estar atrapado en Venezuela".

Finalmente salimos del avión, pasamos por un sistema avanzado que según dice en los letreros te escanea, pero nadie se detiene y no es como uno está acostumbrado en América. Luego de seguir los letreros salimos del aeropuerto. Nadie nos pidió el código QR, ni los pasaportes, ni las vacunas. Claro, estábamos haciendo un vuelo local, es como lo equivalente a volar dentro de Estados Unidos.

Para nada tuvimos problemas, y los empleados del aeropuerto con quienes hablamos fueron amables, no como me habían advertido. Dios ya nos tenía el camino preparado. Cuando a tu mente lleguen pensamientos negativos y tú misma quieras sabotear el plan de Dios, respira profundo y trae a tu memoria un versículo que te traiga paz. Yo me repetí varias veces Filipenses 4:13: *Todo lo puedo en Cristo que me fortalece.*

Mientras tanto, mi primo Fran, quien como les dije anteriormente vive en Alemania, me había dicho que tomáramos un bus hasta la estación Central de trenes en Milán y de allí el metro hasta nuestro hotel. En su explicación sonaba fácil, pero cuando lo pusimos en práctica fue un poco más complejo de las instrucciones originales; lo que lo complicó fue nuestro temor a perdernos.

Cuando ya estábamos fuera del área de aterrizaje eran las 5:30 pm hora de Italia y el próximo bus saldría en 10 minutos. Según me avisó Fran quien nos seguía dirigiendo desde Alemania, por teléfono, todos contaban conmigo para que con las clases de italiano que había tomado *online* nos ayudara a comunicarnos. Entonces me di cuenta que podía entender algunas cosas, pero muy poco hablar. La práctica hace al maestro y no había tenido con quién practicar, sin embargo, lográbamos comunicarnos muchas veces en inglés y otras mezclando el italiano y el español.

Tomamos el bus y luego de 50 minutos nuestra parada había llegado. Para nuestra sorpresa la estación central de trenes era inmensa. Allí había buses, trenes a otras ciudades de Italia y el metro. Nosotros estábamos listos para la aventura, el frío era más de lo usual, y aunque nos decían que el metro estaba abajo, no encontrábamos dónde comprar los tickets. A eso había que sumarle nuestras maletas de mano y morrales en la espalda, subiendo y bajando escaleras.

Mientras todo el mundo sabía para dónde iba, nosotros buscábamos a alguien que nos ayudara, hasta que un policía nos asistió según lo que entendió que le dijimos. Era de noche y como buenos turistas estábamos un poco desesperados por comenzar a disfrutar, pero la realidad es que eso era parte del viaje. Ya estábamos disfrutando, el perdernos, el mirar todo lo nuevo, el leer los letreros en italiano, el observar con asombro cómo hay vida fuera de lo que para nosotros es lo cotidiano.

Luego de mucho investigar conseguimos el metro, nos montamos en él y estando ya adentro, Tati se percató que se alejaba de nuestro camino, así que tuvimos que bajarnos y buscar el correcto. Finalmente lo logramos y luego caminamos hasta nuestro hotel. Todo eso me hacía pensar por fracciones de segundos que estábamos perdiendo el tiempo de conocer Milán, pero si le añadimos más positividad, podemos ver rápidamente que todo obra para bien a los que conforme a Su propósito han sido llamados por Dios.

Llegamos al hotel, salimos a cenar en un lugar cercano y luego de una ducha nos dormimos como unos bebés, tomando en cuenta que Europa tiene 6 horas de adelanto en esa época del año en relación con Orlando. La mañana siguiente éramos unos expertos usando el metro, tren y hasta el tranvía. Dios solo estaba dándonos la oportunidad de disfrutar cada momento, de confiar en su cuidado y de ver en lo cotidiano lo hermoso de estar juntos.

En nuestro recorrido por Italia logramos conocer, Milán, Florencia, Siena, San Gimignano, un viñedo en Tuscany, Pisa, Roma, y El Vaticano. Fue increíble hacer el recorrido en tan poco tiempo y por nuestra propia cuenta. Un solo día tomamos un *tour*. En el bus había turistas de diferentes nacionalidades, nos advirtieron que en cada parada teníamos ciertas reglas y que el que no regresara a tiempo al bus, se quedaba, no lo iban a esperar. Nadie quiere perderse en un país que no conoce y menos sin dominar el idioma.

En una de las paradas que hicimos ya estábamos casi todos en nuestros asientos, listos para continuar el recorrido, cuando de repente veo por mi ventana a una señora con cara de preocupada. La señora era parte de nuestro grupo. Cuando subió al bus empezó a decir, "se me ha perdido José Tomás". No nos fijamos con quién estaba ella, porque cada vez que el bus seguía, aprovechábamos para contemplar el paisaje o para descansar un poco. La mayoría de los pasajeros estaba en su lugar, la señora seguía diciendo, "me va a dar algo, quieren continuar el viaje y a mí se me ha perdido José Tomás". Además de nosotros, dos parejas más miraban a la señora desesperada.

En ese momento sentí esa voz en el medio de mi pecho que me decía, "no me pediste que te diera la oportunidad de orar por otros en este viaje, esta señora necesita que ores por ella". Me armé de valor y públicamente y delante de un bus lleno de gente, le pregunté si me permitía orar por ella, y también por José Tomás. Llena de fe hice esa oración con la dama de origen chileno y por su José Tomás, quien yo creía que era su esposo. Cuando terminamos de orar le dije al Señor: "Hice esto porque tú me lo pediste, por favor, no me dejes en vergüenza delante de mi hija, mi sobrina y todos estos testigos, por favor, que aparezca esta persona". De repente, a lo lejos, vi al chofer del bus con un chico. Allí le dije a mi esposo: "Gloria a Dios apareció José Tomás". Efectivamente era él, su hijo, no el esposo. Una vez más Dios lo hizo, toda la gloria sea dada a Él. Me sentí feliz de poder disfrutar de esta parte del viaje. Estoy segura que quedó atesorada en el corazón de mi familia, así como en el mío.

Tenía la opción de no hacer nada, de no interesarme por el dolor ajeno, y seguir como el resto de los turistas disfrutando de mis anheladas vacaciones en Italia, pero ciertamente Dios nos ha llamado a ser la diferencia, a impactar a otros con nuestras acciones, a activar nuestra fe y dejar que nuestro Dios vaya delante de nosotras como poderoso gigante.

Más adelante durante ese viaje conocimos a unas chicas en un tren en Roma; sus caras de asustadas las delataban. Estaban igual de pérdidas que nosotros, pero la gran diferencia es que nosotros teníamos a la super Tati que con la ayuda de su papá es muy buena ubicándose y ya se había convertido en una experta, dirigiéndonos en cada uno de los trenes en todos los países que viajamos.

Como vi sus caras de asustadas, decidí hablarles. Cualquiera se asusta en el tren de Roma o París; en cada parada anuncian que tengas cuidado con tus pertenencias porque hay carteristas. Las chicas, al igual que nosotros, iban al Vaticano, así que decidieron unirse a nosotros y entrar juntos a esta ciudad patrimonio de la UNESCO. Se preguntarán por qué me animé a incluir el Vaticano dentro de nuestro recorrido, y para aquellas que están curiosas con esto, les cuento que admiro el arte. Soy una mujer apasionada por las bellas artes. Pensaba en la historia que contaba mi profesora de Educación Artística sobre la capilla Sixtina y cómo Miguel Ángel en la antigüedad se las ingenió para hacer todos los frescos del techo en un período de 4 años, y yo preocupada porque llevaba mucho tiempo sin terminar mi libro. Saber que millones de personas desde entonces hacen largas colas para ver esta obra de arte fue otra de las tantas razones por las que fuimos.

Pero volviendo a las chicas colombianas del tren en Roma, decidimos cuidarlas y que se unieran a nosotros en ese camino desde la parada del tren hasta el Vaticano.

Al final del recorrido nos despedimos y nos dieron las gracias. Dijeron que Dios, cada día de ese viaje que era el sueño de sus vidas, les había enviado unos ángeles, y que ese día nosotros habíamos sido el instrumento de Dios para resguardar sus vidas.

Una acción tan sencilla como servir a otros se convirtió en parte de estas líneas que hoy tú lees y que te invitan a hacer la diferencia en este viaje llamado VIDA.

Como el Hijo del Hombre no vino para ser servido, sino para servir, y para dar su vida en rescate por muchos. (Mateo 20:28)

¿Disfrutas todo el viaje, incluso las paradas inesperadas?

Tenía la opción de no hacer nada, de no interesarme por el dolor ajeno, y seguir como el resto disfrutando de mis anheladas vacaciones en Italia, pero ciertamente Dios nos ha llamado a ser la diferencia.

CAPÍTULO 12

Distracciones... tropiezos en el viaje

"El final del viaje no es el destino, sino los contratiempos y recuerdos que se crean en el camino".
Penélope Riley

En una oportunidad mi hermano Gerardo me dijo que el principal instrumento de un fotógrafo son sus ojos y creo que es muy cierto. Por más sofisticado que sea un equipo fotográfico, la fotografía será el resultado del trabajo de ese fotógrafo que ve más allá de lo que hay en el lente de su cámara.

Así ocurre con nuestras vidas. Podemos conformarnos con el panorama que está a nuestro alrededor o enfocar nuestro lente y ver más allá de las circunstancias.

Lo magnífico de este viaje es que, mientras estemos vivas, existen mil y una oportunidades. Somos el resultado de la lucha, el esfuerzo y la constancia.

Así como el fotógrafo mira de una manera especial su obra de arte, así está Dios con sus ojos puestos sobre nosotras esperando a que cumplamos con todo lo que nos ha entregado.

Una de las distracciones más grandes con las que he tenido que lidiar es conmigo misma. En muchas ocasiones me he apasionado tanto con el viaje, que se me ha olvidado disfrutar la compañía maravillosa que está a mi lado. A veces tenemos que ser confrontadas por los que más amamos para lograr sobreponernos y continuar con el plan que está trazado para nuestras vidas.

En el trayecto que me ha tocado recorrer, los tropiezos a veces han parecido pequeñas piedras en el zapato, pero por pequeñas que parezcan estas distracciones han atentado hasta contra mi respiración y acelerado mis palpitaciones.

El tiempo de lágrimas terminó,
tu tiempo de caminar con la cabeza
en alto comenzó.

No puedo olvidar la ocasión en la que recibí una llamada inesperada. Como dato curioso en las charlas que doy del "ABC del Comunicador", le aconsejo a mi audiencia que no contesten el teléfono antes de comenzar una presentación importante, pues puede ocasionarle problemas al momento de iniciar su participación en una conferencia.

Siempre hay una primera vez, y tuve que comprobarlo por mí misma. Esta vez la distracción me hizo bañarme en sudor y quedarme sin aliento. La llamada que recibí fue de una chica que había conocido en una actividad; según ella, tenía algo que quería entregarme. Como ella es de mi comunidad y tenemos una amiga en común, no me pareció peligroso encontrarnos, así que cometí el error de decirle que podía ir al lugar donde yo estaba, que si se apuraba podíamos hablar unos minutos antes de comenzar mi actividad. La muchacha así lo hizo. Cuando llegó me tenía un regalo, y me encanta que me hagan sentir amada con un regalo o algún detalle especial porque me hacen pensar que se acordaron de mí.

Abrí el regalo rápido porque ya faltaba poco para que comenzara la actividad. Cuando vi el contenido me eché a llorar y me despedí de la chica. Nunca más volví a verla ni le pregunté por qué me había regalado eso.

Se estarán preguntando cuál era el contenido del regalo... Había una carta escrita por mi papá y una franela (camiseta) con el nombre del programa de televisión que mi papá había tenido por más de 20 años en Venezuela y el versículo favorito de él. Cualquier persona pensaría, "qué genial, un regalo super especial".

La verdad es que me descompuso mucho la situación, tuve que secarme el sudor con los secadores automáticos que ponen en los baños, me corrían los chorros de sudor y me estaban temblando las piernas. Cuando eso ocurrió habían pasado 6 meses de la muerte de mi padre, así que él no podía haber escrito esa carta, pero el contenido era lo que él me decía en vida. Una experiencia terrible que me puso a tambalear me distrajo en gran manera esa parada en el viaje.

Me armé de valor y me incorporé como pude, le pedí a Dios que me llenara de paz y me ayudara con la asignación que me había dado para ese día, la cual por cierto era una conferencia junto a queridas amigas del ministerio. Mientras todo transcurrió con éxito, me habían llegado unos mensajes de texto de una persona muy querida. En varias ocasiones Dios ha usado en mi vida y con esa Palabra que me envió Dios a través de ella, el Señor estaba contrarrestando toda la oposición del enemigo.

Aunque me percaté de los mensajes un poco más tarde, logré mantener en todo tiempo mi mirada enfocada en Dios. Recuerdo que la pastora Lucy Cosme, que estaba conmigo ese día y era una de las conferencistas, me recordó claramente, "tu papá está muerto, él no te puede hablar ya". ¡Qué necesario es conocer la Palabra y saber que Dios está en control y que te envía a sus ángeles a acampar alrededor de ti, aunque el mismo demonio quiera derribarte!

Unos días después mi hermano Gerardo me dijo que encontró esas palabras que me habían escrito en la carta. Estaban en las redes sociales de mi papá en una publicación de muchos años atrás. Tal vez el propósito de la chica no fue hacerme daño, pero sí fue el propósito del enemigo que se asemeja al ladrón que menciona Juan 10:10: *El ladrón no viene sino para hurtar y matar y destruir; yo he venido para que tengan vida, y para que la tengan en abundancia.* Nosotras como hijas de Dios tenemos que llenar nuestras vidas del valor que Dios ha depositado en nosotras y recordarnos a diario que: *Si Dios es por nosotros, ¿quién contra nosotros?* (Romanos 8:31)

Si hubiese dejado que esa distracción me robara por completo la paz y me impidiera desviar mi mirada del camino, probablemente me habría ido del lugar vuelta un mar de lágrimas y otro se habría encargado de mi parte. Pero como sierva fiel y responsable, decidí creerle a Dios y dejar que llenara mi odre con vino nuevo y nada impidiera que se hiciera la asignación que Dios me había encomendado cumplir.

No tengas miedo a esa visión grande que Dios te ha dado porque si es grande es porque Él mismo te la dio.

El potencial que Dios ha depositado en ti es mayor de lo que imaginas. Necesitas estar agradecida y consciente de que te escogieron para una agenda divina, que tienes que completar tu misión para que logres llegar a tu destino final, que las otras personas que de alguna u otra manera dependen de ti no se vean afectados por tu decisión de desviar tu mirada durante el recorrido de tu viaje.

Si reconoces que el Señor está en medio de ti como un guerrero victorioso, que se deleitará en ti con gozo, que te renovará con su amor como dice Sofonías 3:17, lograrás avanzar en la misión encomendada.

Si hablamos de las distracciones del viaje podemos traer a nuestra memoria el relato de Rut que se encuentra en la Biblia en el libro de Rut, capítulos 1 al 4, una historia fascinante que te hará reflexionar acerca de cómo sus circunstancias se tornaron difíciles, tuvo más que tropiezos, y vivió grandes pérdidas. Ella decidió creerle a Dios y viajar a Belén para recoger espigas en el campo; nunca desamparó a su suegra Noemí.

Lo que comenzó con una historia trágica, terminó con un final que ya estaba escrito tanto para Rut como para Noemí. La lealtad y el compromiso de Rut fueron mayores que sus propios medios. No permitió que las circunstancias difíciles la amedrentaran. Tantos años han pasado y hoy en este libro tú lees algo acerca de Rut y puedes aplicarlo a tu propia circunstancia.

La lealtad de Rut pesó más que sus propias palabras, que ya eran de bastante peso. En el capítulo 1 de Rut, versículos 16 y 17, ella le habla claro a su suegra:

> *Respondió Rut: No me ruegues que te deje, y me aparte de ti; porque a dondequiera que tú fueres, iré yo, y dondequiera que vivieres, viviré. Tu pueblo será mi pueblo, y tu Dios mi Dios. Donde tú murieres, moriré yo, y allí seré sepultada; así me haga Jehová, y aún me añada, que solo la muerte hará separación entre nosotras dos.*

Cuando vemos el desenlace de esta historia comprobamos que el propósito de Dios se cumple a pesar de nuestras circunstancias difíciles y de nuestros más grandes miedos. Rut terminó siendo la bisabuela del Rey David. Imagínense si era de suma importancia que no se dejara distraer por los tropiezos que vivió al inicio de su historia.

Tú también puedes haber tenido un comienzo trágico, un tropiezo inesperado, una cancelación del vuelo, pero tu propósito está en conquistar esos gigantes que están en el camino, buscar que todo tu ser esté alineado a los planes y la voz de Dios. Que tu camino sea el que ya Él trazó para ti y que tu destino sea tan grande que tú misma te sorprendas.

Si yo me hubiese rendido cuando me despidieron de mi trabajo; cuando me pararon en Inmigración entrando a Estados Unidos y me llevaron a un cuarto donde deportan a la gente; con el suicidio de mi madre; o con tantas otras cosas que me han ocurrido, hoy no estarías leyendo esto. Quizás no te des cuentas que estas líneas son especialmente para ti, para esa mujer que necesita cambiar el rumbo de su viaje, hacer los ajustes correspondientes, comenzar a depender por completo de Dios, de su Palabra, de su guianza… que necesitas convertirte en un cuero nuevo donde Dios pueda vaciar un vino nuevo… Comienza a escuchar la voz de Dios. Él te dirá cómo tienes que caminar, qué debes llevar en el viaje, a quiénes debes invitar a tu viaje, qué necesitas empacar para esta temporada.

No tengas miedo a esa visión grande que Dios te ha dado porque si es grande es porque Él mismo te la dio. Desde muy niña yo soñé en grande y con el tiempo entendí que esos sueños no eran únicamente míos; Dios los había depositado en mi corazón. He podido verlos con mis ojos y disfrutar de la bendición que han significado para mí y para tantas otras personas.

Comienza una nueva temporada, invierte en ti, descubre qué talentos Dios te ha entregado y cómo puedes usarlos para bendecir a otros.

El tiempo de lágrimas terminó, tu tiempo de caminar con la cabeza en alto comenzó. Levántate y deja la tristeza, el lamento y los sentimientos de autocompasión. Grandes cosas lograrás para la gloria de Dios.

Comienza una nueva temporada, invierte en ti, descubre qué talentos Dios te ha entregado y cómo puedes usarlos para bendecir a otros. No te conformes con lo que estás viviendo. Pregúntale a Dios qué quiere que hagas en esta temporada, cómo puedes lograrlo y a quiénes necesitas para lograrlo.

¿Qué hace desviar tu mirada del camino?

*Desde muy niña
yo soñé en grande
y con el tiempo entendí
que esos sueños
no eran únicamente míos;
Dios los había
depositado en mi corazón.*

CAPÍTULO 13

Oído atento a los aprendizajes

*"Aprender no es prepararse para la vida.
Aprender es la vida misma".*
John Dewey

Hace algún tiempo fui confrontada por mi esposo; jamás pensé que esto ocurriría. **SIEMPRE** es una palabra muy radical. Opté por ser más cuidadosa al usarla, porque ya en el pasado me había traído problemas y era hora de estar escuchando muy atenta hacia este nuevo aprendizaje y cómo poder aplicarlo en mi vida y transmitirlo a otras mujeres casadas, con las que tengo la oportunidad de tener influencia.

En esa ocasión y sin darme cuenta pensé que el matrimonio estaba por sentado, que al pasar de los años y entrando a una zona de seguridad, mi esposo **SIEMPRE** podía esperar por mí. ¡Qué equivocada estaba! Creía que todo estaba bien porque no discutíamos, pero de repente mi viaje tomó un tono dramático. Sentí que el tren se detenía, estaba perdiendo más que mi equipaje; por poco pierdo al amor de mi vida.

Todo comenzó unos días después de una charla para matrimonios dentro de nuestra iglesia, la cual por cierto fue *online* porque estábamos en medio de la bendita pandemia. Durante la charla, yo no noté nada inusual, hasta pensé, "eso no es con nosotros, todo está bien en nuestro matrimonio".

Hubo una parte super clave en la conferencia en la que el exponente hizo su introducción y contó sobre un día en el cual su esposa le hizo varias observaciones sobre su matrimonio y le especificó que en la iglesia era un excelente pastor, que en sus conferencias era magnífico, pero que como esposo estaba fallando. No recuerdo las palabras exactas que el conferencista mencionó sobre esa conversación entre él y su esposa, lo que sí recuerdo con exactitud es que años más tarde lo conocí en persona y tuve la oportunidad de comentarle cómo su ponencia había sido una pieza clave en medio de mi viaje por esta vida.

Pasaron algunos días luego de esa charla y mi esposo me dijo que quería hablar conmigo. Le dije, "claro que sí, por supuesto". Nuestra habitación se convirtió en un escenario totalmente diferente al que estábamos acostumbrados. Pensé que el mundo se me derrumbaba en mil pedazos. Fue necesario escuchar con mucha atención todo lo que Carmelo Rosario Troche tenía que decirme. Soy tan conversadora que normalmente hablo y hablo y él me escucha con mucha atención, pero mi destreza para escuchar no está muy bien ejercitada.

En su narrativa hizo una serie de menciones acerca de cómo nuestro matrimonio había cambiado con el paso de los años. Honestamente, yo pensé que me iba a decir otra cosa y seguí escuchando, cuando de repente mencionó: "Si le preguntáramos a nuestra hija sobre ti como madre, ella diría que eres la mejor madre del mundo; si le preguntáramos a tus hermanos sobre ti dirían que eres una hermana abnegada que haces lo imposible por ellos; si le preguntáramos a tus clientes sobre ti dirían 'wao, es fabulosa, increíble su trabajo'".

Así continuó dando ejemplos... hasta que de repente llegó al punto en el cual se me hizo un nudo en la garganta. "Si alguien me pregunta a mí qué pienso de ti como esposa, lamentablemente no podría decir lo mismo. Me dejas todo el tiempo en un segundo plano, postergas nuestros asuntos, siempre estás en el teléfono, pones excusas para nosotros por otros asuntos que crees más importantes..."

En fin, la lista fue larga. Me preguntó si yo lo amaba o lo necesitaba. Con tan solo esa pregunta supe que de verdad nuestro matrimonio debía hacer unos cambios, ser más intencionales, dejar a un lado lo que realmente no es una prioridad.

Probablemente te estés identificando con mi relato y a lo mejor llevas muchos años casada. Sin lugar a duda crees que todo está bien en tu relación, pero aprendí que siempre hay un espacio para mejorar, para escuchar, para aprender, para reflexionar, para amar con hechos más que con palabras.

Mi esposo realmente estuvo esperando el momento para hablar conmigo, para decirme que se quería ir, que estaba buscando un apartamento y que, si mi respuesta era que lo necesitaba, pero que ya no lo amaba, él realmente se iría de la casa. Más de 20 años de matrimonio no te hacen una experta. A veces crees que estar juntos es suficiente, pero el tiempo de calidad es indispensable: el orar juntos, el servir juntos a Dios, el disfrutar el viaje sin temor a los contratiempos que aparezcan, oyendo con ambos oídos y mirando a los ojos.

Ambos hemos decidido que nuestro matrimonio sea a prueba de fuego, evaluando cómo se encuentra nuestra relación, poniendo en práctica lo que aprendemos en las conferencias matrimoniales, orando juntos, evaluando si nuestros lenguajes del amor cambian, así como cambian nuestros gustos, y no dando por sentado que él me ama y yo lo amo.

Te invito a que ubiques una situación en tu vida, en la que analices si has estado a punto de perder algo muy importante a causa de no estar con el **"Oído atento a los aprendizajes"**.

En este capítulo me enfoqué en la experiencia que vivimos como matrimonio, pero tú puedes identificar en qué se asemeja a ti, cómo está tu relación como hija, como cristiana, como madre, como esposa, como novia, como amiga.

Si sientes que estás fallando y necesitas sabiduría, pídele a Dios consejo, órale para que te muestre a qué debes estar atenta, cómo puedes continuar el viaje con lo que llevas en tu maleta.

En Filipenses 4:9 dice: *Lo que aprendisteis y recibisteis y oísteis y visteis en mí, esto haced; y el Dios de paz estará con vosotros.* Cuando leemos este versículo claramente podemos entender que Jesucristo nos dejó el modelo a seguir. Aprendamos de Él, escuchemos Sus enseñanzas que están atesoradas en la Biblia y mantengamos nuestro corazón alineado al nuestro; que el balance sea parte de nuestra vida.

De vez en cuando haz una pausa y toma el tiempo para evaluar tu vida. No sigas corriendo con la maleta incompleta. Detente y demuéstrales a los tuyos cuánto los amas. No dejes ir al gran amor de tu vida por no darte cuenta de que estás haciendo las cosas de una manera incorrecta.

Probablemente me has visto en las redes sociales y disfrutes conmigo los viajes que hacemos. Cada viaje tiene una historia que contar, un porqué. Siempre hemos viajado cuando el dinero era escaso o cuando llegó el tiempo de recoger la cosecha. El diseño del viaje siempre lo hemos hecho juntos como familia, escogiendo el más mínimo detalle juntos, incluyendo las preferencias y los gustos de cada uno de nosotros.

La verdad es que es una odisea coincidir y soltar grandes destinos por no lograr armar la agenda en la que estemos disponibles. Le hemos enseñado a nuestra hija a disfrutar del viaje desde el principio al fin y que los pequeños tropiezos son parte del viaje, así como la vez que nos quedamos atascados 24 horas en el aeropuerto de Barajas en Madrid. Todo forma parte del recorrido y cada experiencia es una oportunidad de crecer, de aprender, pero, sobre todo, de agradecer, de darle gracias a Dios por sus infinitas bondades.

De vez en cuando haz una pausa y toma el tiempo para evaluar tu vida.

Recientemente me quedé en el pasillo de un hotel, porque se me olvidó la llave de la habitación, y mi esposo estaba en el baño. Mientras me abría la puerta, estuve observando a una señora que estaba limpiando el cuarto contiguo al nuestro. Mientras ella buscaba los productos que le hacían falta para continuar su labor de limpieza me sonrió amablemente. La señora podría ser mi madre y estaba a esa edad trabajando fuertemente para llevar el sustento a su hogar, pero lo que me llamó más la atención, es que recientemente había visto en un portal de noticias cristiano, el encabezado de una noticia que hacía referencia a algo así como: «Daniel Habif y Dante Gebel no son predicadores, sino motivadores».

Honestamente, no he sido muy fan de ninguno de ellos, no tengo el honor de conocerlos ni de escuchar sus mensajes, así que no puedo opinar acerca de ellos. Pero lo único que puedo decir es que uno de ellos, específicamente Dante Gebel, tenía a la señora que estaba limpiando ese cuarto de hotel muy atenta a una predicación que estaba escuchando en su teléfono en un tono un poco alto. Yo alcanzaba a escuchar en el pasillo mientras esperaba que me abrieran la puerta, lo que me dio la oportunidad de oír un poco y ver a la señora.

Llegó a mi memoria el encabezado de aquel portal de noticias y dentro de mí dije: "Yo que nunca he sido muy seguidora de Dante y bueno, probablemente esa sea la única Biblia que esta señora escuche en su vida. ¿Qué estoy haciendo yo para ser la Biblia que alguien quiere escuchar?". Algo tan simple ocurrió en el pasillo de un hotel, y no es la primera vez que escucho, desde una habitación de un hotel con la puerta abierta porque están limpiando el cuarto, la predicación de Dante. Parece que es bueno limpiar mientras se escuchan sus sermones. Ojalá alguien me quiera escuchar a mí hablar de Jesús mientras hace cualquier cosa, aunque sea mientras va al baño.

Al tener mi **"Oído atento a los aprendizajes"** he ganado, he sido genuina, he buscado ayuda, he juzgado menos, he desarrollado un criterio más basado en Jesús que en la opinión de la gente o en los titulares de prensa.

He aprendido que solo voy a pasar una vez por esta vida y cuando me vaya quiero haber dejado un legado de amor, de servicio, de compromiso, pero sobre todo de seguir firmemente al Maestro, a mi amado Jesucristo. No quiero estar a la moda, no quiero ser lo que otros quieren que sea, no quiero ser *cool*. Quiero ser la mujer que Dios diseñó y no sacó otro modelo igual; la que ríe cuando menos lo imaginan; la que habla sin parar, aunque sea conmigo misma; la que le ha tocado aprender a escuchar, a abrazar, a orar en cualquier lugar cuando alguien lo pide a gritos con sus ojos, aunque no lo exprese con sus labios.

Prepárate. Mientras estés viva, hay tiempo. El pasado ya no te ata. Tú eres una mujer extravagante, fuera de serie con un diseño único. Comienza a vivir a plenitud y haciendo uso de tus dones y talentos a granel. Ámate con todo lo que representas para Dios.

¿Estás lista para escuchar durante el viaje?

CAPÍTULO 14

Crecer durante el viaje

"La transformación es un proceso y a medida que la vida sucede, hay toneladas de altibajos. Es un viaje de descubrimiento".
Rick Warren

Mientras viajamos por diferentes destinos ganamos experiencia, añadimos valor a nuestra vida, conocemos nueva gente, ampliamos nuestros horizontes, entendemos más fácilmente a personas con otras costumbres, apreciamos distintas culturas, nos relajamos, resolvemos conflictos. Cuando vemos una película, quedamos fascinados al ver escenas de lugares que hemos visitado y evocan momentos memorables. Viajar nos permite un crecimiento en todo el sentido de la palabra.

En el viaje disfrutamos de la geografía del lugar, la arquitectura e historia que rodean el destino seleccionado; ponemos en práctica lecciones aprendidas en el pasado y ensanchamos nuestra creatividad.

Viajar reduce el estrés, brinda a nuestro cuerpo la oportunidad de restablecerse por el hecho de estar fuera de la rutina diaria. Incluso mientras planificamos el viaje tenemos la oportunidad de diseñar, ya sea solos o con nuestra familia, cómo será el resultado de ese viaje, lo que nos produce emoción y alegría, por lo tanto, es un beneficio para nuestra salud.

En adición a todo lo que he mencionado y lo que probablemente tú estás añadiendo a esta lista de beneficios, mientras viajamos aprendemos a comer lo que jamás pensamos que estaría dentro de nuestro menú. Dejamos el miedo en la gaveta de la mesita de noche de nuestro cuarto, y nos aventuramos a probar platillos que solo habíamos visto en los libros de cocina.

Tanto mi hija, mi esposo y yo cambiamos radicalmente nuestros gustos en la gastronomía cuando fuimos a Israel. Yo iba un poco tensa a ese viaje porque era la primera vez que visitábamos el Medio Oriente, y estábamos en un grupo en el cual la comida estaba incluida, así que no teníamos oportunidad de buscar algo diferente si no nos gustaba la comida o de conseguirle algo a nuestra hija Tati acorde a los gustos de una jovencita de 14 años; esa era la edad que tenía en ese entonces.

No hay espacio para temores cuando incluyes en el viaje a un Dios vivo.

Para nuestra sorpresa ese viaje nos dio la oportunidad como familia de probar platillos riquísimos, de experimentar la comida mediterránea en primera fila y recién salida del fogón. Nuestro paladar creció y se arriesgó a incluir nuevos sabores hasta la fecha de hoy, lo que para mí especialmente fue un alivio porque siempre me preocupaba que mi hija comía muy pocas cosas y eso, aunque parezca simple, es algo que como mamá me preocupaba.

Cuando pienso en crecimiento durante el viaje tengo que ir más allá de la comida o de todos los beneficios que he mencionado anteriormente. Llega a mi mente mi vida pasada, esa joven soñadora que se esforzó por crecer durante el viaje, esa que se encontró obstáculos y grandes desafíos, nunca cambió sus valores, principios y amor a Dios por el camino más fácil, por la solución más rápida... la joven que hoy en su etapa adulta puede decir con propiedad que el versículo de Mateo 25:23 cobra vigencia y añade crecimiento a mi viaje personal: *Su señor le dijo: Bien, buen siervo y fiel; sobre poco has sido fiel, sobre mucho te pondré; entra en el gozo de tu señor.* Así como la historia de la parábola de las monedas de oro fue impactante para mi vida cuando iba creciendo, sigue siendo un ejemplo para todo aquel que topa con esa historia mientras va saboreando las páginas de la Biblia.

Me mantuve fiel a Dios mientras me tocaba pararme en una esquina por horas esperando un transporte público en Puerto Rico porque no tenía carro para ir a mi trabajo. Me mantuve fiel a Dios mientras mi matrimonio estuvo en peligro. Me mantuve fiel a Dios mientras mi hija iba creciendo y los retos aumentaban en su crianza y en todo lo que a su alrededor podía apartarla del propósito de Dios. Me mantuve fiel a Dios esperando el milagro de papeles migratorios. Me mantuve fiel a Dios ante la amenaza de no poder ver a mi familia en Venezuela. Me mantuve fiel a Dios esperando procesos legales que jamás imaginé enfrentar. Me he mantenido fiel a Dios en lo poco.

Hoy puedo ver que Él ha guiado mi crecimiento; no hablo solo del crecimiento en edad porque ese, ni modo, ya las canas comienzan a asomarse y el pote de crema para las arrugas se acaba más rápido que antes. Hablo del crecimiento como mujer, esa mujer que a pesar de cualquier pronóstico creyó e hizo aumentar su fe, a pesar de cada tropiezo, cada lágrima y cada desafío.

Dios me ha capacitado para este tiempo, pero me ha permitido ir más allá de mis propios miedos, dejando atrás y lejanas las circunstancias que parecían imposibles y que a Él le plació hacerlas posibles.

Confieso que uno de los viajes que más disfruto es el de los domingos cuando juntos como familia manejamos unas pocas millas para llegar a la iglesia. Disfruto ver a mi hija Tati con su novio alabando a Dios o sirviendo con las personas sin hogar (*homeless*) en el Downtown de Orlando. Me salta el corazón de solo pensar cuánto he orado por mi hija y en este tiempo puedo cosechar el fruto de esas oraciones: una joven con amor a Dios, que honra a sus padres y que con su noble corazón puede hablar más que con sus palabras; la niña de los ojos de Dios, la que me hace sonreír solo con pensar en ella, la chica que Dios me regaló, la de los ojos bonitos. Se parece más a mi prima Lorena que a mí, pero no tengo miedo a compartirla porque su corazón es gigante y ambas cabemos en él, mejor dos madres que una.

Durante el viaje se crece a pasos agigantados. No hay espacio para temores cuando incluyes en el viaje a un Dios vivo, al que te promete una y otra vez que estará contigo si le permites acompañarte. No tengas miedo. Aun estás a tiempo de invitarlo a cada uno de tus destinos. Será grandioso incluirlo en tus planes.

Si decides aceptar mi invitación para crecer durante el viaje, te invito a que incluyas la generosidad y el agradecimiento. Ser agradecidos es un valor anadido que te permitirá ver grandes beneficios. En 2 Corintios 9:11 menciona: *Ustedes serán enriquecidos en todo sentido para que en toda ocasión puedan ser generosos, y para que por medio de nosotros la generosidad de ustedes resulte en acciones de gracias a Dios.*

Soy de las personas que ha aprendido a desarrollar intencionalmente la generosidad y la gratitud. Cuando digo intencionalmente no me lo tomen a mal. No lo hago para esperar una recompensa o ser reconocida públicamente por involucrarme en proyectos en los cuales he tenido la oportunidad de bendecir a muchas personas.

Cuando hablo de la generosidad y la gratitud pienso en el personaje de Jesucristo; estoy eternamente agradecida por su gracia y su favor. Aun sin merecerlo he recibido de parte de Él más de lo esperado, por lo tanto, me siento inspirada a dar de gracia lo que por gracia he recibido.

El mayor ejemplo de generosidad lo vemos en la vida de Jesucristo, en su paso como hombre por la Tierra. Siempre procuró el bienestar de los otros, se interesó en ayudar a los demás, se preocupó por la salvación de otros y el crecimiento espiritual de los que lo rodeaban, y al mismo tiempo mantuvo una actitud de gratitud con el Padre Celestial.

Ser agradecidas es un valor añadido que te permitirá ver grandes beneficios.

Muchas veces me hago la pregunta: ¿Por qué a los seres humanos les cuesta tanto ser agradecidos y practicar una auténtica generosidad? ¿Cómo pueden olvidar con facilidad que en algún momento alguien estuvo sosteniendo su escalera para que no se cayeran, o les abrió la puerta para que pudieran entrar a lugares que por sí solos no lo habrían logrado?

Aunque no he encontrado la respuesta para estas interrogantes. Me he dado a la tarea de continuar con mi intención de modelar en otros estas cualidades, que se pueden ir cultivando. Trato de involucrar a mi círculo cercano en actividades que sirvan de bendición para los más necesitados, como es el caso de los dos proyectos sociales en los que colaboro en Venezuela, los cuales trabajan con niños de escasos recursos y no solo les ayudan con sus necesidades alimenticias y educativas, sino también con sus necesidades espirituales.

Cada vez que tengo la oportunidad de dar una conferencia, hablo de esas personas que me ayudaron en mis inicios, los que desinteresadamente y sin esperar nada a cambio me dieron la mano y hoy por hoy forman parte del éxito que he logrado alcanzar. La gratitud y la generosidad pueden ser depositadas en los corazones de otros cuando contamos nuestras experiencias. Nuestro testimonio es clave para apasionar a otras.

Soy fiel creyente en que juntas sumamos y que en la unión está la fuerza, que cada obra que hagamos debemos hacerla como si fuera para Dios, con la convicción que Él es quien afirma nuestros pasos y nos dirige en el camino. Si hoy necesitas ayuda y alguien se ofrece a darte la mano, sé sabia, sé prudente, nunca te olvides de aquel que te abrió camino. Ser agradecida será un enriquecimiento para ti y te permitirá dar lo que por gracia has recibido.

Desde hace algún tiempo mi familia y yo hemos apoyado causas como la iglesia "Fe 4:18" y "Pilotos de Tormenta" en Venezuela. Ambas organizaciones, además de ofrecer ayuda a los más necesitados, son un ejemplo de la generosidad y la gratitud, se han mantenido fieles a Dios en lo poco que tienen y lo han compartido con el desvalido. Dios ha permitido que otros nos unamos en su afán de conquistar corazones para Dios. Me llena de alegría que la iglesia a la cual pertenecemos se haya unido a esa visión que Dios me dio y me brinden su apoyo en esta misión de continuar sembrando la Palabra de Dios, porque la excusa es la comida que se brinda, o los materiales escolares y juguetes para niños, pero el propósito es sembrar la Palabra de Dios.

Mi crecimiento durante el viaje me ha llevado a abrazar proyectos que no estaban en mis planes, pero sí estaban en los planes de Dios. He visto el abrazo del Padre Celestial y he sentido en su sonrisa que me dice: "Gracias, hija, por ser mis brazos y mis piernas con cada uno de esos niños que necesita de mí". ¿Cómo no habría de hacerlo si alguna vez alguien lo hizo por mí y por mis hermanos cuando más lo necesitábamos? Recientemente el Señor me dijo que cada artículo o alimento que dono al necesitado les recuerda a esas personas; que Dios no se ha olvidado de ellos.

Lamentablemente el mundo y sus afanes quieren robarles a las personas la oportunidad de ejercer la gratitud, haciendo por otros lo que algún día hicieron por ti. Mi anhelo es que más personas puedan estar **ETERNAMENTE AGRADECIDAS**.

Aprovecha tu viaje para crecer, no te conformes con los éxitos del pasado, crece conforme al propósito y a la voluntad de Dios.

¿Estás preparada para crecer en el viaje?

*Aprovecha tu viaje
para crecer, no te conformes
con los éxitos del pasado,
crece conforme al propósito
y a la voluntad de Dios.*

CAPÍTULO 15

Corazón agradecido

"La gratitud se da cuando la memoria se almacena en el corazón y no en la mente".
Lionel Hampton

Haz que el viaje valga la pena. Cada minuto cuenta, siempre hay tiempo para respirar y volver a comenzar. Lo que quedó olvidado en la estación de un tren no está perdido por completo. Siempre hay una manera de intentar recuperarlo y lo más importante queda en tu corazón; la esencia la llevas tú a pesar de cualquier circunstancia.

En ocasiones recuerdo algo que sucedió cuando estaba muy pequeña. Viajé con mis padres y mi hermano mayor, Jhon, desde Venezuela hasta Miami. Luego de varios días de diversión y muchas caminatas, todos estábamos exhaustos, pero la emoción de conocer nos mantenía alertas y preparados para cada aventura. En mi recuerdo de lo ocurrido mientras caminábamos en la calle me perdí. Para mí fue una eternidad, pero fueron tan solo unos segundos. Perdí de vista a mis padres, había mucha gente y no sé qué se hicieron.

Mi mamá nos decía cuando estábamos en lugares con mucha gente que, si algún día nos perdíamos, nos quedáramos parados en el mismo lugar que nos vimos por última vez. Muy pronto me encontraron, gracias a Dios, pero aún me acuerdo y me da miedo pensar qué habría pasado conmigo si mis padres no me hubiesen encontrado, cómo habría sido mi vida, qué habría pasado con toda la gente que de alguna u otra forma han dependido de mi ayuda y hoy por hoy me necesitan para seguir avanzado en sus diferentes proyectos. Quizás no hubiese tenido la familia hermosa que tengo.

Me asusta pensar que pudo pasar más allá de eso, ¿haberme perdido por siempre? Me habría perdido las enseñanzas familiares acerca de mi amado Dios, no me hubiese formado como la mujer de principios y fe, firme de carácter y bondadosa. Tantas cosas pueden pasar en un segundo de descuido, sin embargo, nada malo ocurrió y mi vida fue encaminada según el propósito que Dios tenía diseñado para mí.

Todas tenemos metas que alcanzar, sueños que cumplir, anhelamos vivir una vida con propósito, dejar un legado para nuestros hijos, que nuestro paso por la tierra no sea inadvertidamente.

Mi *Corazón Agradecido* no se formó de la noche a la mañana. En algunas ocasiones me tocó fuerte, tuve que tocar fondo para rendirme por completo a la voluntad de Dios. Era siempre fuerte de carácter con un negativismo que desanimaría al motivador más consagrado. Poco a poco fui comprendiendo que los miedos no pueden ser más grandes que los sueños.

Fui trabajando día a día para cultivar ese *Corazón Agradecido* que hoy, a mi edad madura, no va encerrado en una maleta. Por el contrario, hago todo lo posible por contagiar a otros con esa gratitud que se va experimentando a lo largo del trayecto, y que al igual que yo aprendan a disfrutar el recorrido.

Todas tenemos metas que alcanzar, sueños que cumplir, anhelamos vivir una vida con propósito, dejar un legado para nuestros hijos, que nuestro paso por la tierra no sea inadvertidamente. No dejes que tus circunstancias te desanimen. Hay un Dios que te ama infinitamente y su amor por ti nunca cambiará. Podrás caerte mil veces, pero así mismo podrás levantarte.

Así como menciona Isaías 54:10: *Las montañas podrán cambiar de lugar, los cerros podrán venirse abajo, pero mi amor por ti no cambiará. Siempre estaré a tu lado y juntos viviremos en paz. Te juro que tendré compasión de ti,* así mismo ha sido mi experiencia, incluso los días grises.

Dios puede cambiar tus circunstancias si tú le permites actuar, si aprovechas cada parada del camino para seguir construyendo ese porvenir que Él ha forjado desde que te creó en el vientre de tu madre.

Si tienes sueños que aún no se han logrado cristalizar, te invito a que adoptes algunos de los pasos que a mí me han dado resultado:

- *Presenta tus planes a Dios.*

- *Anhela pasar tiempo aprendiendo sobre Dios y disfruta pasando tiempo con Él.*

- *Organiza tus ideas y colócalas en orden según las prioridades.*

- *Escribe la visión que Dios te ha dado.*

- *Trabaja en desarrollar un **Corazón Agradecido**.*

- *Guarda tu corazón.*

- *No te aísles cuando las cosas vayan mal.*

- *No imites a otras personas que aparentemente tienen éxito, según lo que muestran en sus redes sociales.*

- *Lee libros que te hagan crecer intelectual y espiritualmente.*

- *Rodéate de personas con talento genuino y buenos valores.*

- *No tengas miedo de sostener la escalera de otras cuando te necesiten.*

- *Capacítate, no te conformes con lo que alguna vez estudiaste. Huy que seguir aprendiendo.*

- *No tengas miedo al camino que Dios ha trazado para ti.*

Mi mayor tesoro, luego de la salvación, es mi familia; saber que podemos descansar en los brazos de Dios y que cada noche al reposar mi cabeza en la almohada he dicho, "hasta aquí me ha traído Dios". Su infinita misericordia me ha permitido recorrer, no solo el mundo en un avión, sino salir airosa a pesar de las turbulencias. Ni una sola noche puedo decir que no ha valido la pena.

Desarróllate en el arte de viajar agradecida, con un corazón dispuesto a ser sensible ante la adversidad. Deja atrás el miedo. En la Biblia aparece 365 veces las palabras "No temas" porque Dios ya sabía que íbamos a enfrentar temor durante nuestro viaje. Por eso nos dejó instrucciones específicas al respecto. Confía plenamente en Jesucristo.

Mientras seguí avanzando hasta el camino al que hoy he logrado llegar, hay espacio para mirar atrás y ver cómo Dios colocó personas claves en mi vida para el cumplimiento de su propósito en mí. Esa niña asustadiza e insegura quedó atrás. Esa pequeña vocecita en mi interior que me decía mil y una cosas para desanimarme ya no tiene poder sobre mí, ni logró su objetivo.

Es cierto que mientras fui afinando los detalles de algunos proyectos hubo gente cercana que trató de desanimarme, no sé con qué propósito. Por mucho tiempo estuve cautiva al qué dirán y al ¿por qué me pasa esto a mí? Algunos se rieron en mi cara y me dijeron, "no vas a lograr eso que tienes planificado".

Aún así, no me rendí, me reinventé una y otra vez. El agradecimiento y el compromiso con Dios no me permitían rendirme. Muchas veces fue un buen momento para recordar que el Dios de las oportunidades había posado sus ojos en mí y estaba esperando a que cada día al finalizar mi jornada le contara lo que había logrado para alcanzar el plan que me había entregado.

En momentos difíciles me aparecía hasta en los letreros en la calle la señal que yo andaba buscando, como solo se ve en las películas. Pero llegaba por medio de la Palabra de Dios, quien me preparó para luego poder estar aquí escribiendo estas líneas que confío sean de ayuda para ti, que probablemente hoy no estés en uno de esos buenos días

Si es así te comparto lo que dice en el Salmos 91:7: *Caerán a tu lado mil, Y diez mil a tu diestra; Mas a ti no llegará.* Aunque veas el mundo al revés, lo imposible puede ser posible para el Creador del universo, para aquel que lo hizo conmigo y que lo podrá hacer también contigo.

Desarróllate en el arte de viajar agradecida, con un corazón dispuesto a ser sensible ante la adversidad.

Cuando miro hacia atrás pienso en Lorena, mi prima, en lo que ambas vivimos y cómo estuvimos allí la una para la otra, dispuestas a apoyarnos y ayudarnos a sobrevivir en la adversidad. Pienso en las largas caminatas en la calle 72, las lágrimas, las soledades, los sueños que tuvimos y lo que es hoy.

En el área profesional puedo ver las promesas cumplidas y lo que aún me falta por recorrer. Sin temor a equivocarme puedo decir que todo fue parte de un proceso, poder vivir sin desconfiar, que mi libreto ya estaba escrito por el mejor guionista que puede haber.

Mi *Corazón Agradecido* no esconde el brillo que produce al sentirme amada y deseada por un hombre que, sin importar la circunstancia, ha creído en mí y me ha dado su mano para ayudarme a avanzar. Ha financiado mis proyectos y me ha dado el espacio para llevar a cabo los innumerables compromisos que a lo largo de mi matrimonio con Carmelo Rosario Troche he tenido que afrontar.

Mi *Corazón Agradecido* late a mil por horas al ver a mi hija Tatiana, la hermosa joven en la que se ha convertido, los planes y proyectos que Dios tiene para ella, las metas que le faltan por alcanzar, su humildad, y el cariño y respeto que nos muestra a su papá y a mí.

Mi *Corazón Agradecido* me hace evocar los días cuando recién llegué a Puerto Rico y Agnes Cabrera fue más que una hermana de crianza. Fue la mujer que abrió camino para mí y me defendió a capa y espada de cualquier mal. Junto a Toño me guiaron en mis procesos y me mantuvieron con el corazón alineado al del Padre Celestial.

Mi *Corazón Agradecido* grita a viva voz: "Gracias, Mary y Taly Cabrera, por adoptarme como la hija del corazón, entregarme en el altar y ser esos abuelitos amorosos para Tati.

Mi *Corazón Agradecido* se llena de alegría cuando veo el resultado de un sueño hecho realidad, plasmado en estas líneas con el apoyo de mujeres que admiro y respeto. Gracias, Marie Griffin, Lucy Cosme, Ofelia Pérez, Fayra Castro, María De la Cruz, Mayra Nazario y Elsa iLardo, por su valiosa colaboración.

Mi *Corazón Agradecido* es ver a mis hermanos Jhon, Gerardo y Jonathan bajo el propósito de Dios, confiando en una Padre Celestial misericordioso, lleno de amor y bondad, que los ha amado y cuidado de todo mal que se ha levantado contra ellos.

Mi *Corazón Agradecido* mantiene la firme certeza de que podré ver a Gabriel y a Manuel, los hijos de mi esposo, abrazando la fe y disfrutando de una vida plena en Cristo.

Pienso en el presente con esperanza hacia el futuro, con la convicción de que cuando nos unimos en oración y buscamos alianza del cielo se quebranta cualquier plan del enemigo. Lo experimenté una y otra vez con mi prima Johanka cuando juntas tuvimos que doblar rodillas por ver cadenas rotas de maldad. Dios nos dio la victoria y somos más que vencedoras. Lo que un día fue una vergüenza, hoy en día es una honra y la fidelidad queda manifestada una y otra vez.

Corazón Agradecido es un ejemplo de que sí se puede. Lo que un día fue tu derrota, lo que te hizo bajar la cabeza, puede llegar a ser una puerta para ayudar a otros a vencer el miedo, la soledad, la culpa, la depresión, la desesperanza, la procrastinación.

Sé que ya has entrado a mi vida y conoces más de lo que a simple vista soy, pero mi intención es que cada palabra cale hondo en tu ser, que puedas reconocer que Jesucristo es el Hacedor de maravillas, que sepas que también debes tener un *Corazón Agradecido* y si no es así, comienza a ejercitarlo.

¿Qué necesitas para que mientras dure el trayecto de tu viaje, vayas formando un *Corazón Agradecido*?

Cree, confía, sacúdete el polvo y sigue caminando. No dejes que nada ni nadie intervenga en tu destino final.

EPÍLOGO

He pensado muchas veces sobre la gratitud, y una de las grandes cosas que se derivan del gran aprendizaje de ella es «saber que la gratitud, más que una actitud extraordinaria del ser humano es una sustancia del corazón que nos transforma profundamente, en la misma medida en la que reconocemos la vinculación de nuestros logros a otros corazones».

Mucha gente anda por esta vida como si esta fuera un *resort* con todos los gastos pagados; otra categoría de personas anda por ella como si todos le debieran algo; pero hay un grupo muy particular que debo destacar. A ese grupo pertenecen quienes saben que la vida es como un viaje con obstáculos, paradas y demoras, y que la actitud con que viajemos determina si vamos en primera clase o buscando oportunidades en los clasificados.

Corazón Agradecido es una historia con la que muchos nos identificamos en varios capítulos, a veces tanto, que parecen segmentos de nuestra propia vida. Sin embargo, sus líneas nos confrontan y elevan a una mejor actuación en futuros trayectos. Tatihana, tan sencilla como vibrante, enlaza la oración con el destino de todo ser humano, y la perseverancia con sus logros.

El Señor ha hablado esperanza en Isaías 35:4 diciendo *"Decid a los de corazón apocado: Esforzaos, no temáis…"* y del mismo modo, *Corazón Agradecido* es el eco palpitante de un corazón atrincherado en el dolor, la incertidumbre y las sentencias funestas que al oír la voz de SU PASTOR JESÚS, vez tras vez, supo desafiar la adversidad, resistir la espera y contrarrestar la calamidad para resurgir.

Hay quienes viajan por placer y terminan frustrados; hay quienes viajan por necesidad y terminan cansados. Sin duda están los que viajan sin saber a dónde ni por qué, pero terminan agradecidos, porque en esta vida no se trata de llegar bien o saber llegar, sino de aprender de otros viajeros que no se trata de llegar lejos, sino vivo; tampoco de llegar alto, sino de llegar juntos; y por último, no se trata de llegar primero, sino de ser el primero en inspirar a los rezagados, frustrados y varados del camino, a los apocados de corazón a quienes aún les esperan grandes victorias.

¡Al leer *Corazón Agradecido* aprendemos que una cosa es el precio que se paga para llegar y otra es el valor agregado que le sumas a quienes vienen detrás de ti!

¡Gracias, Tatihana; primero Dios, llegaremos!

Lucy Cosme
Pastora, comunicadora, coach, conferencista,
Autora de *Rosas para el alma* y *Más rosas para el alma*

ACERCA DE LA AUTORA

Tatihana Pozo Puccini es una emprendedora, apasionada por servir a Dios. Es comunicadora, educadora, conferencista, coach, locutora y autora. Dirige Contexto Media Group, una compañía de relaciones públicas y portal de noticias digitales con enfoque cristiano y alcance internacional.

Ha recibido varios reconocimientos, entre ellos, el Premio El Galardón por el mejor portal de noticias digital 2022, y fue nominada como mejor locutora de Praise Music Awards 2021. Es miembro de La Academia Latina de la Grabación (Latin Recording Academy/ Latin GRAMMYs) y La Academia Anglo de la Grabación (Recording Academy/ GRAMMYs).

Conduce los segmentos radiales "Al Día Con Tatihana" en Coes Radio; "Entre Padres" en el programa En Familia por La Nueva 88.3 FM; y "En Actualidad" en Roka 95.5 FM. A lo largo de su carrera ha tenido la oportunidad de ser la conductora de varios programas, segmentos de radio y televisión, como "Actualízate" en Conectados por CVC

La Voz; "Jesucristo Viene Llegando", en Radio y Televisión en Maracaibo, Venezuela. Fue presentadora de "Cristo Impartiendo Vida" en el canal Tele Adoración y Radio Vida de Puerto Rico, y fue la productora y conductora del programa radial "Recarga Tu Día" en Alma 97.1 FM del circuito iHeartRadio en la ciudad de Orlando.

Fundadora de la conferencia "Mujer Virtuosa", desarrolló la logística para la participación de las salmistas y conferencistas nacionales e internacionales. Diseñó las conferencias "El ABC del Comunicador" y "Ligera de Equipaje".

Ha sido la coordinadora de las ruedas de prensa de Expolit en Orlando, y fue la maestra de ceremonia en Londres de la convención Expo London, además de ser una de las conferencistas invitadas. Es coautora del libro *Reto 440,* y ha escrito artículos para revistas con mensajes inspiradores.

Tatihana nació en Venezuela y vivió 12 años en Puerto Rico donde fue maestra de Educación Cristiana por muchos años en la Academia Discípulos de Cristo en Puerto Rico. Luego se trasladó a Orlando, Florida, junto a su esposo, Carmelo Rosario, y su hija Tatiana. La familia persevera en la iglesia Avalon Church Español.

Es una defensora de los derechos de los venezolanos. Ha tenido la oportunidad de participar a favor de Venezuela en sesiones en el Congreso de los Estados Unidos, así como también apoya en la distancia a organizaciones con base de fe en su natal Venezuela.

Para presentaciones, contrataciones
y ventas del libro, contacte a Tatihana Pozo
y a Contexto Media Group a través de:
tatihana@contextomediagroup.com

@tatihanapozopuccini
www.tatihanapozo.com
www.tatihanapozopuccini.com
407.970.0843

Comparte en las redes sociales tus
comentarios sobre el libro con los hashtags:
#CorazonAgradecido
#LigeraDeEquipaje
#ViajeraAgradecida

Made in the USA
Columbia, SC
19 February 2023